한국 영어의 혁신
한글영어발음법

한국 영어의 혁신 **한글영어발음법**

발행일　　2015년 6월 26일

지은이　　한 철 수
펴낸이　　손 형 국
펴낸곳　　(주)북랩
편집인　　선일영　　　　　　　　　편집　　서대종, 이소현, 김아름, 이은지
디자인　　이현수, 윤미리내　　　　제작　　박기성, 황동현, 구성우, 이탄석
마케팅　　김회란, 박진관, 이희정
출판등록　2004. 12. 1(제2012-000051호)
주소　　　서울시 금천구 가산디지털 1로 168, 우림라이온스밸리 B동 B113, 114호
홈페이지　www.book.co.kr
전화번호　(02)2026-5777　　　　　　팩스　　(02)2026-5747

ISBN　　　979-11-5585-626-0 13740 (종이책)　979-11-5585-627-7 15740 (전자책)

이 책의 판권은 지은이와 (주)북랩에 있습니다.
내용의 일부와 전부를 무단 전재하거나 복제를 금합니다.

이 도서의 국립중앙도서관 출판예정도서목록(CIP)은 서지정보유통지원시스템 홈페이지(http://seoji.nl.go.kr)와
국가자료공동목록시스템(http://www.nl.go.kr/kolisnet)에서 이용하실 수 있습니다.
(CIP제어번호 : CIP2015016407)

한국판 영어 사투리 Konglish를
진짜 English로 바꾼다!

한국 영어의 혁신
한글영어발음법

한칠수 지음

북랩 book Lab

지은이가 엄마에게 하는 말,
"엄마, 나 후랜스에 가서 홰션마들이 될래요."
"응? 후랜스는 어디고 홰션마들은 또 뭐니?"
이제껏 '프랑스'와 '패션모델'에 익숙한 엄마에게 지은이의 말은 낯설 수밖에 없습니다.
미국에 이민 간 세대의 이야기가 아닙니다. 이는 정통영어를 말하는 신세대와 오랜 세월 영어 사투리를 영어인 줄 알고 무심하게 사용해 온 기성세대와의 대화입니다. 똑같은 영어인데 발음이 다르니 서로가 잘 통하지 않는 것이지요. "영어 사투리라니 이건 또 무슨 엉뚱한 소리야? 내가 얼마나 영어 공부를 잘했는데." 아마 이렇게 말하는 분도 있겠지요. 그렇다면 우리말을 배우는 외국인이 '아버지'를 '어바지'라 하고 '화랑'을 '파랑'이라고 말한다면 제대로 알아들을 수 있을까요? 이게 바로 오늘의 대한민국 영어라고 하면 이해가 되시나요?
알기 쉽게 잘 아는 단어 몇 개를 예로 들어보겠습니다. 우선 나라 이름 중에 스웨덴을 〈스위든〉, 포르투갈을 〈포츄걸〉이라고 하니 알아듣기 어렵지요. 실은 우리가 어려서부터 배운 외국 이름 대부분이 우리끼리만 통하는 사투리입니다. 사람 이름은 어떨까요? 한때 최고의 인기곡이었던 '딜라일라'란 팝송이 있습니다. 그런데 구약성서에 나오는 '삼손과 데릴라(Samson and Delilah)'라고 하는 이야기의 '데릴라'와 '딜라일라'가 같은 여자이름이라는 것을 아시나요? '삼손'도 영어로는 〈쌤슨〉이라고 하지요. 영국의 〈일리저버스〉(Elizabeth) 여왕이 한국에서는 '엘리자베스'로 바뀌고, 영국의 명문 〈케임브리지〉(Cambridge) 대학이 한국에서는 '캠브릿지'로 바뀝니다.

우리가 표준말처럼 쓰는 '아마추어'(amateur)를 미국인들은 〈에머처〉라고 합니다. 외국인이 자기는 〈캐설릭〉(Catholic)이라고 하는데 나와 같은 '가톨릭' 신자라는 얘기인지 헷갈립니다. 이데올로기(ideology)란 말은 이념, 사상이란 뜻으로 우리가 표준말처럼 쓰고 있지요. 그런데 외국인과 영어로 대화를 하는데 〈아이디알러지〉

라고 하면 이게 무슨 말인지 헷갈립니다. 코미디를 〈카머디〉, 테라피를 〈쎄러피〉, 피날레를 〈휘낼리〉, 콘텐츠를 〈칸텐스〉, 테마파크를 〈씸-팍〉이라고 하니 같은 영어인데도 서로가 알아듣지 못합니다. 실은 한국인의 영어 대부분이 외국인과 소통이 되지 않는 사투리입니다.

  이런 이유로 외국인들은 한국인이 말하는 영어는 English가 아니고 Konglish(콩글리시)라고 합니다. 도대체 알아듣기 어려운 한국인끼리만 통하는 사투리 버전인 Korean English라는 뜻인데 유감스럽게도 이는 한국인의 영어를 폄하하는 표현이며, 중국식 억양이 심해서 알아듣기 어려운 씽거포어 영어(Singapore's English)를 Singlish(씽글리시)라고 하는 것과 마찬가지입니다. 대한민국 영어의 문제는 어려서부터 무의식적으로 콩글리시에 익숙해져서 국제적으로 통하는 정통영어를 배우는데 너무나 큰 장애가 된다는 것입니다.

  우리 한글은 문자 그대로 소리글입니다. '아'는 누가 발음해도 무조건 '아'입니다. 그러니 별도의 발음기호라든지 발음법이 필요 없습니다. 그러나 영어는 그게 아닌 것이 골머리 아픈 문제입니다. 영어는 문자 따로, 발음 따로인 것입니다. 그래서 사전을 보면 어떤 단어든지 반드시 옆에 발음기호가 병기되어 있습니다.

  예를 들어 앨퍼벳 A를 우리는 거의 무작정 '아'로 발음하지만 아이러니컬하게도 정통영어에서는 '아'로 발음되는 경우가 거의 없습니다. 발음기호를 보면 액센트의 위치에 따라 〈애〉, 〈에이〉, 〈어〉, 〈이〉, 〈오〉, 〈으〉로 다양하게 변화하지요. 그러나 한국인 대다수는 이런 발음기호를 거의 무시한 채 적당히 발음하니 영어 아닌 영어를 하는 셈이고, 써놓은 것은 다 알겠는데 영화를 보면 도대체 한마디도 알아듣지 못하겠다고 하는 것입니다.

  "아니, 영어가 이렇게 어려운 거야? 이거 골머리 아파서 어떻게 영어를 배우겠어?" 갑자기 이런 생각이 들 수도 있겠지만, 결론부터 말씀드리면 이 책의 목적은 이제끼지 그토록 어려웠던 영어 발음을 너무나 쉽게 만들어 주는 것입니다.

해외 사업을 하면서 외국인들과 일을 하다 보면 문법적으로는 좀 틀려도 통하지만 발음이 틀리면 서로 알아듣지 못하여 소통이 되지 않는 경우를 흔히 경험하게 됩니다. 우선 사람 이름부터 나라 이름 그리고 전문용어에 이르기까지 어려서부터 익숙해진 한국식 영어가 국제적인 영어 발음과 너무나 다르기 때문이지요.

필자는 주로 석유화학 및 천연가스 플랜트 건설을 위한 프로젝트 관리 전문가(Project Management Professional)로서 한평생 해외 프로젝트를 수행하며 영어로 일하였습니다. 사원 시절부터 십여 년간을 미국인, 영국인들과 함께 일하고 미국 최고의 건설회사에서도 일했는데, 이는 국제적인 표준영어를 매스터하는 데 아주 중요한 경험이었습니다. 프로젝트 수행을 위해 또는 여행으로 이제까지 세계 각지 40여 개국을 다니며 수많은 외국인들과 소통하고 다양한 경험을 하였습니다.

대학생 때 취업을 앞두고 본격적으로 영어 공부를 다시 하면서 영문법이나 어휘력은 단기간에 완성할 수 있었지만, 필자 역시 발음만은 지름길이 없었고 매스터하기까지 오랜 기간의 노력이 필요했습니다. 발음은 어학연수나 유학을 간다고 단기간에 터득되지 않고 어떠한 책도 쉽게 가르쳐주지 못합니다. 나름대로 영어에 꽤 자신이 있었음에도 막상 해외에서 실무로 외국인들과 부딪치니 처음에는 상대의 말을 잘 알아듣지 못하는 것이 가장 곤혹스런 문제였습니다. 손짓 발짓으로 통한다는 것은 관광객 수준의 이야기이고, 전문적인 직업인으로서 외국 회사에서 일하거나 국제적인 프로젝트를 수행한다는 것은 영미인과 동일한 수준의 영어 실력이 요구되는 것입니다.

실무적으로 해외 사업들을 수행하면서 적당히 알고 있던 전문용어의 한국식 영어 발음과 외국인들의 발음이, 또는 나라마다 사람마다 영어 발음이 일정하지 않아서 늘 혼란스러웠고, 하나씩 익히고 확인하고 또 기억하는 것이 결코 쉽지 않았습니다. 그리하여 정확한 영어, 특히 표준 영어 발음에 대해서 관심을 가지고 꾸준히 연구해 왔고 영어 발음에 상당히 일정한 법칙이 있다는 것을 점차 깨닫게 되었습니다.

　이 책은 이렇게 필자가 오랜 해외 실무와 체험으로 터득한 국제적인 영어 발음을 시각적으로 단 한 번만 보고도 명확히 알고 기억할 수 있는 우리의 위대한 한글로 표기함으로, 대한민국 국민 누구나 아주 쉽게 배울 수 있게 하겠다는 오랜 염원과 신념을 담아 쓴 것입니다. 또한 이 책은 대한민국 영어 사투리 Konglish를 당장에 국제적으로 통하는 최신 버전으로 개혁하자는 제안이기도 합니다.

　골머리 아픈 영어 공부가 아니고 일반인이 알 필요도 없이 복잡한 언어학(linguistics)적인 교재도 아닙니다. 대부분 우리 사회에서 널리 통용되는 단어들을 위주로 쉽게 설명했으니 그저 소설책 보듯이 재미있게 읽다 보면 자연스레 국제적으로 통하는 세련된 영어 발음을 터득하게 될 것입니다. 기성세대는 삼십 년 공부에도 잘 안되던 영어 발음을 일주일 또는 한 달이면 확실하게 깨달아, 듣기와 말하기에 자신감이 생길 것입니다. 연음법이니 하는 것은 자연스레 터득이 됩니다.

"진짜 이게 맞는 발음이야?" 하고 처음에는 좀 혼란스러운 분들도 있을 것입니다. 오랜 기간 자신의 뇌에 굳게 잠재되어 있는 영어 사투리와 너무 다르기 때문이지요. 우선은 무작정 따라하시기 바랍니다. 이 책을 한 장 한 장 넘겨보는 동안 점차 새로운 정통영어와 한글영어발음법에 익숙해질 것이고, 그동안 독해는 자신 있는데 왜 그렇게 듣기가 어려웠는지 또한 왜 내가 말하는 것을 외국인이 잘 알아듣지 못했는지 깨닫게 될 것입니다.

이 작은 나라 대한민국이 세계 십대의 경제대국으로 우뚝 섰고 외국인 관광객이 연간 천만을 돌파하였다고 합니다. 이제 우리도 Konglish를 타파하고 국제적으로 통하는 정통영어를 말해야 합니다. 이 책을 통해 누구나 단기간에 한글영어발음법을 터득하고 영어를 쉽게 정복하여 국제적으로 소통이 가능한 지구인이 되기를 바랍니다.

Contents

Preface ··· 04

Unit 1   콩글리시와 한글영어발음법 ···························· 16
Unit 2   앨퍼벳은 발음기호가 아니다 ···························· 34
Unit 3   영어 발음의 일반적 패턴 ································· 38
Unit 4   화일과 파일 (F와 P 발음) ······························· 43
Unit 5   파닉스와 화닉스 (PH 발음) ···························· 54
Unit 6   그래스와 글래스 (L과 R 발음) ························ 57
Unit 7   테라피와 쎄러피 (TH 발음) ···························· 66
Unit 8   화이트와 와이트 (WH 발음) ··························· 70
Unit 9   콘텐츠와 칸텐스 (S와 Z 발음) ························ 72
Unit 10 잉글리시와 차이나 (SH와 CH 발음) ················ 80
Unit 11 브릿지와 브리지 (DG와 DJ 발음) ···················· 84
Unit 12 플래시몹과 훌래시마-브 (B와 V 발음) ············· 86
Unit 13 런닝맨과 러닝맨 (MM과 NN 발음) ·················· 89

Unit 14	아카데미와 어캐더미 (A 발음)	92
Unit 15	코메디와 카머디 (O 발음)	104
Unit 16	에덴과 이든 (E 발음)	113
Unit 17	미너럴과 리앨러티 (I 발음)	118
Unit 18	컬처와 수퍼맨 (U 발음)	121
Unit 19	후랜스와 스위든 (지명과 인명)	126
Unit 20	기타 특수한 발음들	134
Unit 21	미국식 영어와 영국식 영어의 차이	142
Unit 22	연음법이란?	153
Unit 23	외래어 표기법과 한글 로마자 표기법	157
Appendix A	한국인이 꼭 알아야 할 영문 표현	162
Appendix B	영어를 쉽게 매스터하는 길	189

- Unit 1 - Unit 23

# Unit 1 콩글리시와 한글영어발음법

외국인들이 왜 한국인의 영어를 English가 아니고 Korean English라는 뜻의 Konglish(콩글리시)라고 하는지, 그리고 이미 대한민국이 세계화가 되고 온통 영어로 뒤덮인 이때에 왜 새삼스럽게 한글영어발음법이 필요한지 의아해하는 분들도 있겠지요. 우선 한국 영어의 문제를 이해하기 위해 몇 가지 주제로 알기 쉬운 영어 이야기부터 시작해 보겠습니다.

📢 한국 영어를 왜 Konglish라고 할까요?

우리말에 '아 다르고 어 다르다'란 속담이 있습니다. 우리 한글의 '아'는 누구나 〈아〉로 발음합니다. 별도의 발음기호가 필요 없지요. 그러나 영어는 그게 아닙니다. 우리는 A를 거의 대부분 발음기호 a로 간주하고 대충 '아'라고 발음합니다. 문제는 영어도 분명히 '아 다르고 어 달라서' 발음이 조금만 틀려도 통하지 않는 데 있습니다. 이제부터 이를 분명하게 인식해야 합니다. 예를 들어 '마더'를 '머더'라고 하면 '엄마'가 끔찍한 '살인자'(murder)로 바뀌고 '홰선'

(fashion)을 '패션'(passion)이라고 하면 전혀 다른 말이 됩니다.

재미난 얘기를 하나 할까요? 예전에 어떤 만화에서 본 것 같습니다. 어느 한국 아가씨가 미국에서 온 멋쟁이 총각과 사랑에 빠지게 되었는데, 그 아가씨가 하루는 큰맘 먹고 용기를 내서 정색을 하고는 "아이라브유"하고 사랑을 고백하게 되었답니다. 그랬더니 그 총각이 아연실색을 하고는 도망을 갔대요. "아이라브유(I rub you)"라면 "너를 싹 문질러 버리겠다"라는 말이니 그 총각이 얼마나 놀랐겠습니까? "아일라브유(I love you)"라고 했더라면 멋진 날이 되었을 것을.

어떤 외국인에게 들은 얘기입니다. 한국인들은 영어를 너무 못한다며 경험담을 얘기하는데, 어느 한국인이 "왓쯔댓, 왓쯔댓" 하더랍니다. 무슨 소린지 못 알아듣고 메모지를 내밀면서 써 보라고 했더니 "왓쓰 댓"(What's that?)을 말한 것이었다고 하며 웃더군요. 이렇게 작은 발음의 차이로도 외국인과 소통이 되지 않는다는 것을 알아야 합니다.

English〈잉글리시〉는 영국에서도 중심이 되는 잉글랜드 지방의 영어이고 영국은 잉글랜드, 아일랜드, 스코틀랜드, 웨일스 지방이 합쳐진 United Kingdom(UK)이라는 것은 기본 상식입니다. 영어의 본고장 영국의 주요 지방 이름이니 당연히 맞겠지요. 그러나 영국인이나 미국인과 만나서 영국에 대해 이야기하다 보면 이런 기본적인 발음부터 달라서 당황하게 됩니다. 그들은 〈잉글런드〉, 〈이이얼런드〉, 〈스캇런드〉라고 하기 때문이지요. 영어 발음은 우리말에는 없는 액센트의 위치에 따라 결정되므로 이렇게 발음이 된다는 것을 이제 곧 알게 됩니다.

　대한민국처럼 모국어도 아닌 영어에 목을 매고 영어를 그렇게 흔히 쓰면서도, 외국인과 소통을 잘 하지 못하는 나라도 지구 상에 별로 없습니다. 어른 아이 할 것 없이 온 국민이 영어 스트레스에 짓눌려 살고 있습니다. 그렇다면 왜 한국인에게 영어가 그토록 어려운 것일까요? '나는 독해는 자신 있는데 외국 영화를 보면 도대체 한 마디도 알아듣지 못하겠어' 이렇게 한탄하는 분들이 많습니다. 십 년 이십 년 꾸준히 영어 공부를 해서 원서도 꽤 보겠는데 참 아리송한 일이지요. 왜 똑같은 영어가 독해는 전혀 어렵지 않은데 말로 하는 것은 들리지 않을까요?

　이유는 바로, 우리는 영어 발음을 제멋대로 해서 오랜 세월 우리끼리만 통하는 국적 없는 영어로 고착되어 있으니, 국제적으로 소통이 되는 표준영어로 바꾸기가 너무 어렵기 때문입니다. 마치 어려서 경상도 사투리나 전라도 사투리에 익숙해진 사람들이 후에 아무리 표준말로 고치려 해도 잘 되지 않듯이, 어려서부터 한번 잘못 익힌 영어발음은 쉽게 고쳐지지 않습니다.

　왜 우리는 아이들을 유아 시절부터 영어 학원에 보내야 할까요? 대학교까지 나온 엄마, 아빠, 선생님들이 왜 유치원 영어도 제대로 가르칠 수 없을까요? 이 또한 대답은 십중팔구 진짜 영어, 본토 발음에 자신이 없어서입니다. 중고등학교, 대학교까지 그토록 오랜 기간 영어 공부를 하고도 모자라서 외국으로 어학연수를 가서는 유치원 수준의 기초 회화부터 다시 배우니 한심한 얘기 아닌가요? 유아시절부터 영어를 가르치느라 연간 수조원의 교육비가 든다는 답답한 이야기도 있고, 영어 스트레스를 견디다 못해 자살을 한 직장인의 가슴 아픈 이야기도 있습니다. 수년씩 유학을 다녀온 분들도 발음이 정확하지 않고, 미국에 이민을 가서 이십 년을 넘게 살고도 여전히 콩글리시에서 벗어나지 못하는 그런 분들도 있습니다. 이 책을 보면 우리나라에서 얼마나 많은 영어 발음이, 아니 우리가 쓰는 영어의 대부분이 국제적 표준과 다른 한국식 영어사투리로 표기되어 무의식적으로 사용되고 있는지 알게 됩니다.

📢 한국식 영어의 문제점

국제화 시대에 대한민국 영어의 근본적 문제는 독해를 위한 문법이나 어휘력보다는 제멋대로 우리끼리만 통하는 발음에 있으며, 이는 크게 세 가지로 요약할 수 있습니다.

첫째, 대한민국 영어의 원죄 중 하나는 오늘날 언어문화에 가장 영향력이 큰 방송, 신문, 잡지, 인터넷, 영화 등 매스컴에서 우리가 매일같이 대하는 영어표기가 대부분 수십 년 전부터 사용되어 온 콩글리시라는 것입니다. 그런데 이는 아마도 국가에서 정한 외래어 표기법을 준수한 것이어서 누구를 탓하기는 어렵습니다. 어쨌든 현실적으로 거리를 온통 뒤덮은 광고와 상호 간판, 온갖 상표명에서부터 아파트 이름에 이르기까지 알쏭달쏭한 우리말 영어로 뒤덮여 있습니다. 아마도 외국인이 볼 때는 한국에서는 영어를 공용어로 쓰는가 보다 하고 착각할 정도이지요.

어느 때부터인가 아이돌 가수의 노래에도 유치원 수준의 영어 몇 마디씩을 집어넣는 것이 유행처럼 되었습니다. 사실 지금 우리 사회에는 이렇듯 은연중에 사용하는 우리말 영어가 점점 늘어나서 특별히 영어 공부를 하지 않고도 수백 개의 영어 단어는 저절로 알게 되어 있습니다. 문제는 영어가 아니라 영어 사투리를 배우니 오히려 영어가 더 어렵게 된다는 것이지요.

유감스럽게도 이런 현상은 서점에 넘쳐나는 영어 교재에서조차 다르지 않습니다. '프리토킹', '베이직 회화', '알파벳 완성', '파닉스', '보카'같은 제목을 딴 영어 교재가 많은데 이런 식으로 표기된 발음을 배워서 과연 외국인과 소통이 될까 하는 생각이 듭니다. 이런 발음을 단 하나라도 외국인이 알아들을까요? 또한 내용을 보면 우리말로 발음을 표기한 경우도 꽤나 있는데 역시 대부분 콩글리시가 많아서 영어를 더 어렵게 만듭니다. 요즘은 인터넷 여기저기에도 단편적으로 영어를 우리말로 표기한 글들이 많은데 그런 표기 자체에 오류가 있으니 또한 문제입니다.

둘째, 영어의 앨퍼벳은 같은 문자를 너무나도 다양하게 발음하기 때문입니다. 우리 한글은 아주 명확합니다. 아버지라고 쓰면 누구나 아버지라고 발음합니다. 애버지나 오바지라고 할 수가 없지요. 한글은 소수점 하나 잘못 찍어도 땡입니다. 그럼 영어는 어떨까요? 실은 영어도 마찬가지입니다. 우리는 cover를 커버, 카버, 카바 등 외국어라고 제각각 다르게 발음하지만 영어에도 분명 우리 한글처럼 표준말이 있고 정답이 있습니다. 발음기호로는 표현이 어려운 부분이지요. 만일 애초부터 영어사전에 헷갈리는 발음기호

대신 명쾌한 우리말로 〈카버〉, 〈칼러〉라고 표기했더라면 우리 국민 누구나 똑같이 이렇게 한 가지로 발음했을 것입니다. 이것이 바로 이 책에서 한글영어발음법을 주창하는 이유입니다. 이 책에 한글로 분명하게 표기된 영어 발음은 너무나 쉽게, 단 한 번에 시각적으로 뇌에 새겨지고 잊지 않게 될 것입니다. 모호한 발음을 여러 번 들어서 배우는 것과는 비할 수 없이 효과적입니다.

셋째, 일본식 영어의 영향입니다. Burberry〈버버리〉라는 유명 브랜드를 아직도 '바바리'라고 하는 분이 많은데 일본 문자로는 〈버버리〉라고 쓸 방법이 없어서 '바바리'로 쓰니 그렇게 된 것입니다. 일본은 커피를 '고히'라 하고 택시를 '다꾸시'라고 부르는 우리가 보기에는 이상한 나라인데, 어쩌면 외국인들이 보기에는 한국인의 영어 사투리 콩글리시도 마찬가지일지 모릅니다. 영어 발음을 제일 못하는 나라인 일본식 영어가 오랜 세월 한국식 영어의 바탕에 고질적으로 자리 잡고 있다는 것은 참으로 유감스러운 일입니다.

사실 일본은 우리보다 더 앞장서 영어 단어를 무차별적으로 받아들여 자국어처럼 사용하고 있는 나라입니다. 그런데 문제는 일본인의 영어 발음은 일본어 자체가 가진 언어적 제한, 즉 '애, 어' 같은 모음이 없고 받침이 거의 없기 때문에 어쩔 수 없는 데 반해, 우리 한글은 실제로 거의 모든 영어 발음을 맞게 표기할 수 있음에도 불구하고 적당히 Konglish라는 영어 아닌 영어 사투리를 쓰고 있다는 것입니다.

📢 외래어 표기법

여기서 지적할 수밖에 없는 것은 국가에서 정한 '외래어 표기법'이라는 것입니다. 이는 정통적인 영어 발음을 배울 수단이 거의 없던 시기에 대체 수단으로 간략하게 우리끼리만 통하는 발음법을 따로 만들어서 공문서나 교과서가 무조건 이를 따르도록 한 것입니다. 유감스럽게도 이것이 바로 한국 영어를 콩글리시라는 독특한 사투리로 정착시킨 근원이라고 할 수 있습니다. 앨퍼벳과 발음기호는 별개라는 것을 사실상 무시한 것이고 앨퍼벳을 임의로 정한 한국식 발음기호로 여기고 따르라는 것이나 마찬가지인데, 잘 보면 진짜 영어와는 너무나 맞지 않습니다. 예를 들어 P나 F나 똑같이 'ㅍ'이고, L이나 R이나 똑같이 'ㄹ'로 표기하라고 합니다. 이러한 오류가 바로 외국인이 한국인의 영어를 못 알아듣는 이유입니다. P는 'ㅍ'으로 표기해도 별문제가 없지만 F는 결코 아니지요.

영어를 그저 읽고 해석이나 하면 되던 구시대에는 별문제가 없었지만, 현대는 우리끼리만 통하는 영어가 아니라 지구 곳곳에서 외국인과 부딪치고 세계와 소통하는 진짜 영어를 말해야 하는 시대입니다. 외래어 표기법을 폐기하라고 할 수는 없지만 세계화 시대에 실용적인 가이드가 되도록 전면적으로 개편하여 좀 더 세부적으로 대표적인 단어를 중심으로 표준 발음을 제시해야 할 것입니다. 이 책에서는 오랜 세월 대한민국 영어를 오도해 온 외래어 표기법을 고려하지 않고 오직 국제적으로 소통이 되는 표준 영어발음만을 표기합니다.

비현실적이긴 하지만 이 땅에 영어사전이 처음 나올 때부터 발음기호 대신 우리 한글로 발음을 표기했더라면 한국인에게 듣고 말하는 영어가 훨씬 쉬웠을지 모릅니다. 물론 우리말과 꼭 일치시켜 표기가 어려운 발음도 있지만, 그러한 발음도 실제로 거의 대부분 한글로 맞게 표기할 수가 있고 조금만 연습을 하면 정확한 발음을 할 수가 있습니다. 이 책은 이와 같이 다양하게 변화하지만 일정한 패턴을 가지고 있는 영어의 발음을 한글로 표기하고 이해하기 쉽게 설명한 책입니다. 이제부터는 꼬불꼬불 헷갈리는 영어발음기호는 잊어버리고 누구나 똑같이 분명하게 기억할 수 있는 한글영어발음법을 익히기 바랍니다.

이 책에서 보여주는 단어들은 전문적이고 어려운 것도 더러 있지만, 대부분 영어 사투리 Konglish 중 우리가 매일같이 대하는 신문, 방송, 인터넷, 광고, 상품 브랜드, 상호 간판, 영화 등 매스컴에서 흔히 보고 들어서 아이들도 잘 알고 있는 우리말 표기 영어이므로 누구나 쉽게 이해하고 교정할 수 있습니다. 일단 이렇게 쉬운 단어들을 통해서 중요한 자음과 모음의 기본적인 발음법을 터득하고 나면 아무리 길고 어려운 단어라 할지라도 사전에서 발음기호를 찾아볼 필요 없이 정통영어의 발음이 가능해집니다. 우선 내 발음이 맞게 고쳐져야 외국인의 영이도 알아듣게 됩니다.

석유화학 공장에는 flange라는 배관 부품이 많이 쓰입니다. 우리 근로자가 외국인과 말할 때 '프렌지'라고 하면 외국인이 고개를 갸우뚱합니다. 이때 옆에서 '훌랜지'라고 얘기해주면 "오! 훌랜지, 아임 쏘리." 하는데 실은 못 알아들어서 미안할 게 아니고 발음을 잘못한 쪽이 미안할 일입니다. 왜 그런 발음이 잘못되는가 하면 F와 P 발음을 구분 못 하는 데다, 국내 제조업체의 Catalog〈캐털로그〉에도 우리말로 '프렌지'라고 표시되어 있기 때문에 무의식중에 그렇게 말하는 것입니다.

해외 현장에서 이렇게 영어에 서투른 한국인 작업자들의 근소한 발음의 차이 때문에 외국인이 잘못 알아들을 때 약간만 거들어 고쳐주면 금방 알아듣는 경우를 흔히 경험하였습니다. 특히 한국인의 영어 사투리에 익숙하지 않은 외국인의 경우 문법적으로 틀리는 것은 대충 알아듣지만 발음이 조금만 틀려도 못 알아듣는 경우가 많습니다. 사실 엔지니어링 산업에서 일하자면 엄청나게 많은 기술서적을 원서로 보아야 하고 또 다양한 문서를 작성해야 합니다. 한 건에 보통 수억 불에 달하는 해외 건설 프로젝트를 수행하려면 계약 체결에서 실행까지 최고 수준의 영어 실력이 사업의 성패를 좌우할 만큼 필수 요소입니다.

우리가 일하는 석유화학 분야를 예로 들어보면, 메탄, 프로판, 부탄, 메탄올, 나프타, 우레탄(methane, propane, butane, methanol, naphtha, urethane) - 우리는 이렇게 교과서에 거의 표준화되어 있는 화학 용어를 서양인들은 〈메쎄인, 프로페인, 뷰테인, 메써놀, 내프서, 유러쎄인〉이라고 하니 처음에 너무 헷갈리고 잘 알아듣지 못하는 것입니다.

조금 빗나가지만 중국어 얘기를 좀 해 볼까요? 한때 중국과 대만 프로젝트를 많이 하게 되어 자주 출장을 다니다 보니 편의상 중국어를 6개월 정도 배우게 되었습니다. 공식 업무는 영어로 하지만 택시도 타고 일반 식당에서 밥도 먹고 해야 되니까요. 중국어가 한국인에게는 비교적 쉽다고 할 수 있으나 같은 한자를 다르게 발음하니 처음에 무척 헷갈리더군요. 그런데 몇 달이 지난 후 깨달은 것은 처음부터 일정한 발음의 법칙을 먼저 가르쳐 주었다면 중국어 공부가 훨씬 쉬웠을 것이라는 것입니다.

예를 들자면, 경京, 慶, 警은 '징', 명明, 名, 命은 '밍', 영英, 影, 迎은 '잉', 청靑, 淸, 晴은 '칭' - 이와 같이 우리와 중국어 발음 사이의 일정한 법칙을 먼저 가르쳐 주었더라면 단숨에 배울 것을, 문장 속에서 한자를 하나씩 따로 가르쳐 주니 몇 달을 힘겹게 배운 뒤에야 제 스스로 이런 법칙을 깨닫게 될 것입니다.

영어도 이와 똑같습니다. 영문자 앨퍼벳을 보고 그대로 한글로 발음하는 법을 가르쳐 준다면 너무나 쉬운 것을, 알쏭달쏭한 발음기호를 보며 따라하려니 한평생 영어 공부를 해도 자신이 없습니다. 지금은 CD로 발음까지 제공하는 사전도 많지만 한 개씩 듣고서 기억하기는 여전히 쉽지 않지요.

'미국영어 무조건 따라 하기' 이런 교재도 있고 이런 식의 강의를 하는 강사님들도 있습니다. 물론 효과는 있겠지만 무조건 따라 하기보다는 일정한 발음의 법칙을 먼저 알고 시작한다면 열 배 스무 배 효과가 있겠지요. 운전을 하기 전에 교통법규를 가르쳐 주지 않고 무조건 타고 다니다 보면 알게 된다고 하는 것과 마찬가지입니다. 그런데 그런 교재들에 나타낸 한글 표기를 살펴보면 실은 너무나 헷갈려서 차라리 없는 게 낫겠다는 생각이 들기도 합니다. 예를 들어 신문에 대문짝만 한 광고를 내는 어떤 엉이 강좌에 실린 예문을 보니 try를 '츄라이'라고 했는데 <트라이> 또는 <츠라이>라면 몰라도 어떻게 '츄라이'가 되는지 이해가 안 됩니다. 그렇다면 cry는 '큐라이'가 될까요?

📢 영어 발음은 액센트에 따라 변화

영어 발음에서는 액센트(accent: 본래는 어떤 언어의 특색 있는 억양을 의미함. 단어에서의 강세는 stress가 맞는 말임)의 위치가 곧 발음을 좌우합니다. 이것이 영어 발음의 핵심인데 우리는 크게 신경을 쓰지 않습니다. 우리말에는 액센트라고 하는 것이 없으니 영어에 적응하기가 쉽지 않기 때문이지요.

그런데 문제는 이게 아닙니다. 설사 사전을 찾아본다 한들 도대체가 헷갈리는 것이 발음기호입니다. 이는 미국이나 영국의 본토박이(native speaker)들도 마찬가지입니다. 원어민이라고 해서 다 표준영어를 말하는 것도 아닙니다. 영국에도 Scotland, Wales 지방 등 독특한 사투리도 있고, 영어의 발음기호라는 것이 본래 모호해서 누구나 발음이 똑같지 않은 것입니다. 이 책의 특징은 이렇게 우리 사회에서 표준어처럼 흔히 쓰이는 영어 사투리들을 예로 들어 한글영어발음과 발음의 법칙을 제시함으로서 누구나 쉽게 이해하여 세계와 소통하는 영어를 터득하게 하는 것입니다. 즉, 발음기호를 생각하지 않고 영어를 그대로 우리말처럼 발음하는 것입니다.

앨퍼벳 A를 예로 들어보겠습니다. academy를 우리는 '아카데미'

라고 표준말처럼 씁니다. 그런데 같은 영어를 미국인이나 영국인은 〈어캐더미〉라고 합니다. 영어에서는 A를 〈아〉로 발음하는 경우가 거의 없고, 액센트가 있으면 〈애〉, 〈에이〉로, 액센트가 없으면 〈어〉, 〈오〉, 〈이〉 등으로 발음합니다. 단어가 아무리 길어도 액센트(main stress)는 한 군데만 있습니다. 즉 A가 〈애〉로 발음되는 곳이 한 군데만 있으니 '아카데미'란 발음은 될 수가 없고 〈어캐더미〉가 되는 것이 발음법입니다. 이는 미국식이나 영국식이나 거의 같습니다. 그런데 한국인은 A를 대부분 〈아〉로 발음합니다. 왜일까요? 위에 말한 외래어 표기법도 있지만, 또 다른 문제로 이 땅에 최초의 영어 교육이 식민지 시대 일본인에 의해서 시작되었는데 일본어 문자에는 〈아〉만 있고 〈애〉, 〈어〉가 없어서 A를 무작정 〈아〉로 발음할 수밖에 없었던 것이 그 이유라고 할 수 있습니다.

 몇 년 전까지만 해도 흔히 '탈렌트'(talent)라고 했는데 근래에는 〈탤런트〉라고 말하는 사람이 많아졌습니다. 이렇게 수십 년이 걸려서야 극소수의 단어가 정통영어로 교정되고 있는 중입니다. '탈렌트'라고 하면 액센트가 불분명하고 〈**탤**런트〉라고 하면 앞의 〈애〉에 액센트가 있는 것이 저절로 느껴집니다. 영어는 우리말과 달리 액센트가 있는 언어라는 것이 몸에 배어야 콩글리시를 벗어날 수 있습니다. '오페라'를 〈**아**프라〉라고 하는 것도 마찬가지입니다.

 액센트(강세)라고 하면 그 부분을 힘주어 발음하는 것으로 오해하는데, 그게 아니라 올바른 발음 자체가 액센트를 포함하는 것입니다. 즉 〈애〉와 〈어〉를 비교하면 〈애〉가 강한 발음이 되는 것이시요. 이렇게 발음에 대해 한번 씩 따져보는 것이 습관이 되면

spelling도 잘 기억이 됩니다. 아무리 길고 어려운 단어도 기본은 같습니다.

좀 더 이해를 돕기 위해 요즘 매스컴에서 의제(회의 제목, 국가적 과제)라는 뜻으로 흔히 쓰는 '아젠다'/'어젠다'(agenda)를 예로 들어 봅니다. 두 개의 표기 중에 어느 쪽이 맞는 걸까요? 시험을 본다면 분명 한 쪽은 X표겠지요. 앞으로 배우게 될 발음법대로 따져 보면, 앞쪽에 액센트가 있다면 '**애**전다'가 되어야 하고 중간에 액센트가 있다면 '어**젠**다'가 되어야 합니다. 그러니 '아젠다'는 콩글리시라는 결론이 나옵니다. 명사는 대개 앞쪽에 액센트가 있으므로 끝에 액센트가 있는 것은 고려 대상이 아닌데, 끝의 a가 '어'가 아니고 가벼운 '아'로 발음이 된다는 것은 뒤에 설명이 나옵니다.

다시 말해서 모음별로 액센트가 있는 부분을 중심으로 맞게 발음하는 것이 발음법의 핵심이며 약한 부위는 좀 틀려도 그냥 통합니다. 이것이 영어와 우리말의 큰 차이입니다. 미국 방송을 들어보면 워낙 말이 빨라서 마치 단어마다 액센트 부분만 말하고 지나가는 것 같습니다. 역으로 말하면 이런 발음법을 모르고 콩글리시만 알고서는 그런 정통영어를 거의 알아듣지 못한다는 것이지요. 물론 기본적인 어휘력을 전제로 한 이야기입니다.

그럼 액센트의 위치가 앞인지, 뒤인지 어떻게 아느냐 하는 물음이 생기는데 대다수의 단어가 일정한 패턴을 따른다는 것을 알면 됩니다. 액센트의 위치는 명사, 동사, 형용사 등의 품사의 변형에 따라 함께 변화하고, 또한 2음절, 3음절 하는 음절의 수에 따라서도 일정하게 변하는 패턴을 가지고 있습니다. 이 음절의 수는 바로 품사를 좌우하는 접두사, 어근, 접미사와도 관계가 있는데, 이는 간단하게 설명하기는 쉽지 않고 절대적으로 룰이 정해진 것도 아닙니다. 그러나 이 책에 설명이 되어 있는 다양한 단어들의 발음 형태를 주의해서 익히다 보면 점차 크게 신경 쓰지 않아도 그 일반적 패턴을 알게 될 것입니다. 이제부터 액센트를 생각하지 않으면 영어 발음은 Konglish를 벗어날 수 없다는 것을 잊으면 안 됩니다.

📢 매스컴의 역할과 사회적 책임

TV에서도 근래는 자막처리를 병행하는 수가 많은데, 출연자들은 점차로 표준영어나 미국식 영어를 쓰는 데 반해 자막에는 여전히 출연자의 발음과는 다른 콩글리시를 표기하니 헷갈리게 됩니다. 시청자들도 이제는 외국어 수준이 크게 높아졌는데 영화나 TV나 자막 표기는 적어도 배우나 출연자가 말하는 맞는 외래어를 그대로 나타내야 하지 않을까요? 만일 외래어 표기법을 의무적으로 따라야 한다면 너무나 무책임하고 구시대적인 관행입니다.

응용 소프트웨어 application〈애플리케이션〉이 보급되면서 '어플'이라는 또 하나의 새로운 콩글리시가 표준말처럼 사리 잡고 있습니다. 외국에서는 이미 오래전부터 app〈앱〉과 app store〈앱스토어〉가 새로운 용어로 자리 잡고 보편화되었는데 우리는 왜 이런 사투리를 만들어내는지 모르겠습니다. 아마도 동사 apply〈어플라이〉를 연상하여 application을 '어플리게이션'으로 아는 사람들이 약어로 '어플'이라고 부르기 시작한 것 같은데(아니면, 애플은 사과니까 구분하기 위해서인가요?) 적어도 신세대만큼은 국제적인 영어를 썼으면 좋겠습니다. 이즘 세상은 모든 것이 점점 빨라지고 더구나 영어는 말이 본래 빨라서 〈앱〉이라고 하기도 바쁜데 '어플'이라는 Konglish는 촌스럽기 그지없습니다. SNS에서는 '팔로어'가 거의 표준어처럼 되었는데 이렇게 '팔로어'에 익숙해진 한국인이 외국인과의 대화에서 갑자기 〈활로워〉라고 하기가 쉽지 않겠지요. 단언컨대 '팔로어'가 통하는 건 한국뿐입니다.

근래에는 수준이 좀 높은 영어 단어들도 쓰여서 TV 방송에는 '콜라보레이션'이니 '콜라보 무대'니 하는 용어가 자주 등장을 합니다. 외국인이 들으면 아마도 십중팔구 '웬 콜라?'하고 의아해할 것입니다. '콜라보 무대'라니 이건 또 웬 신세대 사투리인가 하는 생각이 듭니다. 협연, 협력의 뜻으로 쓰는 collaboration이라면 〈컬**래버레이**션〉이라고 제대로 된 발음을 표기하든가 그냥 올바른 우리말을 쓰는 것이 좋겠다는 생각이 듭니다. 이렇게 한글로 잘 못 표기된 사투리 영어는 처음부터 시청각적으로 강하게 인식되고 후에 고치기가 무척 어렵기 때문이지요.

2012년 강남스타일이 세계를 뒤흔들며 싸이라는 가수가 세계적인 쑤퍼스타가 되었습니다. 그런데 NBC 같은 미국 방송을 보면 초기에 많은 미국인들이 〈갱넘스타일〉이라고 하고, 어떤 경우 사회자가 한국어로는 '강-남-스타일'이라고 강조하면서 발음을 가르치는 장면을 볼 수 있었습니다. 왜일까요? 영어로 Gangnam Style이라고 쓰니 영어로는 당연히 〈갱넘스타일〉이라고 발음을 하게 됩니다. 왜 이렇게 발음이 되는지 곧 이해가 될 것입니다.

지금은 읽고 뜻이나 이해하는 영어보다 외국인과 직접 상대하며 듣고 말하는 영어가 필수인 국제화 시대이고, 대한민국이 십대 경제대국으로 세계를 무대로 뛰고 있습니다. 국민을 선도하는 매스컴에서 언제까지 우물 안 개구리처럼 한국인끼리만 통하는 영어 사투리를 고수해야 하는지 답답한 일입니다. 만일 매스컴이 앞장서서 국제적인 영어 발음으로 외래어 표기를 바꿔나간다면 가장 효과적으로 단기간에 대한민국 영어가 국제화될 것입니다.

영어 조기교육이라는 광풍이 이 땅에 몰아치기 시작하면서 우리 말도 잘 못하는 유아들까지 영어에 한이 맺힌 부모님들의 욕망에 이끌려 고액의 학원으로 내몰리고, 너도 나도 십년공부도 모자라 어학연수를 떠납니다. 사실 문법이나 어휘력은 굳이 외국인에게 배울 필요도 없는데 문제는 발음입니다. 만일 정상적인 교육만으로 정확한 영어 발음을 배울 수 있다면 이런 사회적 문제 또한 크게 개선될 수 있을 것입니다. 당장 수백 개의 대표적인 콩글리시 외래어 표기를 개정하기만 하면 대한민국 영어도 세계화가 될 수 있고 영어 발음을 따로 배우느라 그토록 애쓸 필요도 없을 것입니다. 실제로 일상 회화 수준이지만 주로 발음을 배우느라 일 년씩 걸리던 어학연수도 3개월이면 충분할지 모릅니다.

📢 영국식 영어와 미국식 영어

본래 영어는 영국의 언어이지만 근래에는 점차 미국식 영어가 국제적으로 통용되고 있다고 할 수 있습니다. 따라서 이 책에 나타낸 발음은 몇 개의 사전을 비교하면서 최신의 미국식 영어 발음을 중시하여 표준으로 한 것임을 밝힙니다. 그러나 미국이란 거대한 합중국은 지구 상 곳곳에서 모여든 다국적 인종으로 구성되어 있어서 영어라 해도 사실상 통일된 발음은 없다는 것을 이해해야 됩니다. 혹시 소지한 사전이나 영어 교재에 나타난 발음과 왜 다를까 하고 오해할 수도 있는데 미국, 영국의 본토박이라 할지라도 TV 아나운서조차 발음이 조금씩 차이가 있고 알아듣기 어려운 사투리를 쓰는 사람들도 있다는 것을 이해해야 합니다. 앨퍼벳과 발음기호가 별개인 영어 발음은 우리 한글과는 달리 절대적으로 일치되기가 어렵습니다.

영국식 발음도 보편적으로 많이 쓰일 경우 〈샤핑/쇼핑〉처럼 〈미국식/영국식〉 둘 다 표기합니다. 미국서 발행된 사전에도 이렇게 보편적 발음을 양쪽 다 보여 주는 단어가 많습니다. 미국식 영어와 영국식 영어의 주요 차이점들에 대해서는 본문에 따로 설명하겠습니다. 일반적으로 말해서 영국 이외에도 호주, 뉴질랜드, 남아공, 인도, 파키스탄 등 영연방 국가와 영국의 지배를 받았던 나라들, 그리고 지정학적으로 가까운 유럽과 애프리카 국가들은 대체로 영국식 영어를 씁니다. 그 밖에 지구 상 대부분의 나라에서는 점차로 미국식영어를 쓴다고 할 수 있습니다. 그러니 직업적으로 전 세계를 상대로 국제적인 업무를 하는 분들은 이점을 염두에 두고 이 책을 통해 미국식 영어와 영국식 영어의 차이를 분명하게 터득하기 바랍니다.

📢 책의 본문에 들어가면서

먼저 외국인을 혼란스럽게 하는 한국인의 영어 사투리 중에서 자음(consonant)부터 시작하고 뒤에 좀 더 복잡한 모음(vowel)으로 넘어갑니다. 한글 발음은 〈 〉안에 표기하고, 단어와 발음 표기에서 액센트가 있는 부분은 진하게 **볼-드(bold)**로 처리합니다. 어떤 단어든 먼저 품사를 생각하고 액센트의 위치를 확인하면서 발음을 익히는 것을 습관화하는 것이 매우 중요합니다.

영어 단어라는 것이 자음, 모음 따로 떼어낸 것이 아니고 상호 결부되어 있으니 이 책을 처음부터 완벽하게 정독을 하기보다는 먼저 속독으로 전반적 감을 잡고 난 후 다시 처음부터 잘 안되는 부분만 집중적으로 연습할 것을 권합니다. 단어 한 개마다 발음에 너무 신경 쓰지 않아도 책을 다 볼 때쯤에는 영어 발음 전체가 저절로 자리 잡게 될 것입니다.

또 하나 강조하고 싶은 것은 발음 연습은 눈으로 하는 것이 아니고 항상 입으로 큰소리로 해야 한다는 것입니다. 눈으로 보아서는 저장이 안 되고 그냥 사라집니다. 내 입으로 말하는 것이 나의 귀를 통해서 내 머릿속 하드디스크에 입력이 된다는 것을 잊지 않기 바랍니다.

 # 앨퍼벳은 발음기호가 아니다

　이제 영어 발음에 무엇이 문제인지 기본적인 이해가 되었을 것입니다. 그러나 모르는 단어를 처음 대할 때 어떻게 발음해야 하는지가 문제입니다. 사전을 찾아보면 되지만 사전을 찾아보고도 정확한 발음을 하지 못하는 수가 많고, 단어의 뜻과 마찬가지로 발음을 쉽게 잊어버린다는 것도 문제입니다.

　Global 시대에 요구되는 듣고 말하는 영어를 위해서는 정확한 발음이 필수인데, 어느 정도 일정한 규칙이 있으므로 그것을 터득해야 합니다. 이 책을 보면서 여러분은 그 규칙을 점차 알게 되고 이후에는 사전을 찾아보지 않아도 거의 정확한 발음을 할 수 있게 될 것입니다. 성인이 되어 해외 유학을 다녀왔거나, 영어 실력이 상당한데도 여전히 발음이 맞지 않는 것은 한번 잘못 습관이 되면 그만큼 고치기 어렵기 때문입니다.

　이렇게 발음을 강조하는 이유는 우리 한국인들은 거의 대다수가 정확한 발음을 하려고 하기보다 Alphabet〈앨퍼벳〉의 모음 A, E, I, O, U를 그대로 발음 기호처럼 여기고 발음을 하기 때문입니다. 만일 우리 선생님들이 처음에 Alphabet을 가르칠 때 '알파벳'이라고 하지 않고 바르게 〈앨퍼벳〉이라고 했더라면 A란 글자가 '아'가 아니고 〈애〉와 〈어〉로 발음이 된다는 것을 처음부터 이해했을지도 모릅니다.

예를 들어 우리는 mineral을 '미네랄'이라고 하는데 이게 발음기호라면 맞겠지요. 그러나 영어 발음은 〈**미**너럴〉입니다. 곧 알게 되겠지만 영어 발음법상 mineral은 절대로 '미네랄'이란 발음이 될 수 없습니다.

누구나 잘 아는 아주 간단한 단어를 들어볼까요? 시인이라는 뜻의 poet과 시를 뜻하는 poem을 대부분 '포엣' 그리고 '포엠'이라고 합니다. "뭐가 문제지?" 이렇게 생각될지 모르나 진짜 영어는 〈포우잇〉 그리고 〈포우엄〉입니다. 비슷한 것 같지만 근본적으로 다른 발음법입니다.

우리가 매일 접하는 광고나 간판, 매스컴, 영화 제목 등에서 쓰이는 영어의 우리말 표기는 대부분 앨퍼벳을 발음기호로 여기고 만들어졌기 때문에 영어 발음을 오도하고 있습니다.

어려서부터 '아시아'니 '아세안'이니 하는 단어가 귀에 익숙한 우리가 어느 날 〈에이서〉니, 〈에이션〉(Asian)이니 하는 외국인의 말을 알아듣기 어렵고, '패션모델' 대신 〈홰션마들〉(fashion model)이라고 하는 진짜 영어를 바로 알아들을 리가 없는 것입니다. 뉴욕에 가서 유명한 미술관인 메트로폴리탄 뮤지엄이 어디냐고 물으면 쉽게 알아듣지 못합니다. 왜냐하면 미국인들은 〈**메**트러**팔**러튼 뮤**지**엄〉이라고 부르기 때문입니다.

영어를 소리글이라고는 하지만 앨퍼벳이 빌음이라면 왜 모든 사진이 굳이 빌음기호를 병기하겠습니까? 우리밀과 영어의 큰 차이는 영어 문장에는 오르락내리락하는 intonation이 있고 각 단어에는 액센트(accent)가 있다는 것입니다.

영어 발음의 핵심인 액센트가 무엇일까요? 우리말로 강세, 즉 강조해서 강하게 발음하라고 배웠는데 어디를 어떻게 강하게 발음하는 것일까요?

사실은 모음을 어떻게 발음하느냐의 문제입니다. 다시 말해서 강하게 발음하는 것이 아니고 〈애〉나 〈아〉로 발음 자체가 달라지는 것입니다. 예를 들어 '디스커버리'(discovery)라고 하는 콩글리시는 액센트가 어디인지 모호하고 〈디스카버리〉라고 하면 〈카〉에 저절로 힘이 들어가서 액센트가 있는 표준영어가 되는 것입니다.

아바타(Avatar)라는 인기 영화가 있는데 영화 속에서는 분명 모든 배우가 〈애버타〉라고 합니다. 영화 대본을 번역하는 분들은 대단한 실력가인데 왜 우리말 표기는 한결같이 Konglish를 고집하는 것인지 의아스럽습니다. 외래어 표기법을 따르지 않으면 법적인 문제가 되는지 모르겠으나 이제는 영화 속 대사를 원어로 알아듣는 관람객도 많은데 최소한 주인공 이름만이라도 영화 속에서 나오는 원어 발음 그대로 표기해야 하지 않을까요?

이런 현상은 우리 TV도 마찬가지입니다. 근래 TV 프로그램에는 한글 자막이 많이 표기됩니다. 그런데 출연자들은 점차 표준 영어를 사용하는 데 반해서 시청자에게 더 중요한 자막 표시는 여전히 Konglish로 뒤처지는 사례가 흔합니다. 외래어 표기법을 의무적으로 준수해야 하는 것 같은데 국가에서 정한 표준이 잘못되었다면 개정을 해야만 합니다.

초•중•고, 대학까지 우리는 학생 시절 그 많은 시간을 영어에 쏟아붓지만 교과서를 통해서는 고작 일만 개도 안 되는 단어를 깨우치게 됩니다. 미국의 대학교 1학년 학생의 평균 어휘력이 18만 개 정도라고 하는데 너무 차이가 크지요. 개인적 소견이지만 직업상 영어를 실무로 일하려면 최소한 5만 개 정도의 어휘력을 갖추고 시작해야 큰 불편이 없는 것 같습니다. 그러니 학교 교재에서 가르쳐 주지 않던 Vocabulary〈버캐뷸레리〉를 통해 어휘력을 늘리려하고 수준 높은 전문적 영어를 접하기 시작하면 정확한 발음이 새로운 과제로 떠오릅니다. 물론 워낙 독해 위주로 공부를 하다 보니 듣고 말하기가 잘 안되는 것도 큰 문제지요. 그러니 우리는 저마다 어학연수를 가고 또 새롭게 영어 공부를 하지 않으면 외국인과 제대로 대화를 못 하는 것입니다. 대한민국 사회에 이보다 더 큰 비능률이 또 있을까요?

  영어가 자음 따로 모음 따로는 아니지만 편의상 자음을 먼저 다루고 뒤에 모음을 다룹니다. 자음에 대한 문제는 비교적 단순해서 단시간에 터득할 수 있습니다. 그러나 모음에 대한 문제는 사실상 단순하지 않고 모든 단어에 걸친 문제이므로 앞으로 전개되는 주요 단어들의 발음을 하나씩 뇌에 새겨나가야 합니다. 그러면 영어 발음법 전체가 자연스럽게 자리 잡게 되어 국제석인 영어 발음을 할 수 있게 됩니다.

 **영어 발음의 일반적 패턴**

정확한 발음을 위해 이제부터는 좀 더 구체적으로 발음기호를 살펴봅시다. 단어장을 정리할 때 우리는 누구나 발음기호를 병기합니다. 왜냐하면 영어라는 것이 소리글이라고 하면서 실제로는 그 발음이 앨퍼벳과는 달리 아주 불규칙적이어서 원어민조차 헷갈리기 때문입니다. 그러니 아무리 간단한 단어도 반드시 발음기호라는 것이 사전에 나란히 표기되어 있습니다.

우선 앨퍼벳의 자음과 결합되어 발음되는 모음에 액센트가 있느냐 없느냐에 따라 어떻게 발음이 달라지는지를 명확히 이해하여야 합니다. 물론 모음 하나보다는 ca, mol처럼 자음+모음으로 된 한 개의 음절(syllable)이 강세가 되는 것이지요.

액센트 위치에는 일정한 패턴(pattern)이 있고, 액센트 위치를 따지는 것만으로 발음을 정확히 하는 것이 중요한 요령이므로 그 일반적 규칙(rule)을 빨리 익혀야 합니다. 이것이 가장 중요한 핵심입니다.

우선 이해를 위해 단어 몇 개를 살펴봅니다.

- Arab〈**애**럽〉 - Arabia〈어**레**이비아〉
- Italy〈**이**털리〉 - Italian〈이**탤**리언〉

위의 두 단어를 보면 A에 액센트가 있을 때와 없을 때 어떻게 발음이 변하는지 알 수 있습니다.

아래에 또 다른 두 개의 주요 단어를 살펴보겠습니다.

- economy〈이**카**너미〉, economist〈이**카**너미스트〉, economize〈이**카**너마이즈〉, economic〈이커**나**믹〉, economical〈이커**나**미컬〉
- commerce〈**카**머스〉, commercial〈커**머**셜〉, commercialize〈커**머**셜라이즈〉, commercialization〈커머셜러**제**이션〉

위와 같이 같은 어원이지만 명사, 형용사, 동사, 명사로 변화함에 따라 액센트의 위치가 달라지면서 발음도 변하게 됩니다. 이런 패턴은 상당히 규칙적입니다.

"이거 또 머리가 아프기 시작하네. 액센트가 있는 부분과 없는 부분에서 발음이 어떻게 달라지는지는 이제 알겠는데, 그렇다면 단어를 보고 어디에 액센트가 붙는지 도대체 어떻게 알아?" 이런 의문이 생길 것입니다. 영문을 보면 어디에도 그런 표식이 없기 때문이지요.

당연한 이야기인데 영어에도 일정한 룰이 있어서 동사, 명사, 형용사, 부사에 따라, 또는 접두사(prefix), 접미사(suffix)가 붙는 데 따라 앞뒤 일정한 곳으로 액센트의 위치가 이동합니다.

대부분 명사는 앞쪽에, 동사와 형용사는 뒤쪽의 모음에 액센트 (강세-stressed vowel)가 있습니다. 예를 들어 project를 명사로 쓸 때는 액센트가 앞에 있어서 〈프**라**젝트〉라 하고 돌출시킨다는 뜻의 동사로 쓸 때는 액센트가 뒤로 가서 〈프러**젝**트〉가 됩니다. content는 '만족하다'라는 동사로 쓸 때는 〈컨**텐**트〉가 되고 '내용물'이라는 명사로 쓸 때는 〈**칸**텐트〉가 됩니다. 그리고 명사 content가 복수가 되면 contents〈**칸**텐스〉가 되지요.

우선은 여기에 너무 신경을 쓰지 않아도 됩니다. 일단 이를 염두에 두고 이 책을 읽다 보면 점차로 그 패턴을 터득하게 되고 그 후로는 새로운 단어를 보더라도 대부분 맞는 발음을 할 수 있게 되기 때문입니다. 단, 이제까지 알고 있던 발음과 다를 경우 액센트의 위치를 따져보면서 발음이 왜 이렇게 되는지 이해하여야 합니다. 그런 습관이 곧 지름길입니다.

이 책에 표기한 발음은 CNN, BBC와 같은 주요 방송 또는 미국과 영국에서 발행된 대표적인 유명 사전에서 들려주는 정통적인 native speaker의 표준 발음을 기준으로 하였습니다. 미국식 영어와 영국식 영어의 차이점에 대해서는 후반에 별도로 정리했으니 먼저 한번 살펴보는 것도 좋을 것입니다.

여기서 한 가지 권하는 것은 혹시 단어장을 쓸 경우 발음기호를 따로 적느라 시간을 낭비하지 말라는 것입니다. 예를 들어서 disregard〈disriga:d〉라고 습관적으로 적을 텐데 여기서 d, s, r, g, d 등 자음의 발음은 적지 않아도 다 알지요. 그렇다면 액센트가 없는 e를 i로 발음하는 정도가 핵심인데 이 경우 e위에 i를 표시하고, 추가로 액센트가 'a'에 있음을 표시하면 됩니다.

모음 발음법이 뒤쪽에 나오지만 본론으로 들어가기 전에 우선 모음을 중심으로 기본적인 **한글영어발음법**의 룰을 한번 살펴보고 넘어갑시다. 이 발음법이 핵심입니다. 이것만 머리에 입력하여 주요 단어의 발음이 습관화되면 사전에서 발음기호를 찾아볼 필요도 없이 정확한 발음을 할 수가 있습니다. 본문에 A부터 하나씩 설명해 나가겠지만 우선 한 번 정독을 하기 바랍니다.

- **A는 액센트가 있으면 〈애〉, 〈에이〉로 강하게 발음**되나 액센트가 없으면 〈어〉, 〈이〉, 〈오〉, 〈으〉로 약하게 발음이 됩니다.
- **O는 액센트가 있으면 〈아〉로 강하게 발음**되나 액센트가 없으면 대개가 〈어〉 또는 〈오우〉, 〈어우〉로 약하게 발음됩니다.
- **E는 액센트가 있으면 〈에〉로 강하게 발음**되나 액센트가 없으면 약하게 〈어〉 또는 〈이〉로 발음이 되거나 아예 묵음이 됩니다.
- **I는 액센트가 있으면 〈아이〉, 또는 〈이〉로 강하게 발음**되나 액센트가 없으면 약한 〈어〉로 발음이 되거나 아예 묵음이 되기도 합니다.
- **U의 발음은 〈아〉〈어〉, 〈우〉〈유〉 또는 〈이〉**로 액센트에 따라 여러 가지로 변화합니다.

이제부터 한국식 영어에서 문제가 되는 영어 사투리를 자음과 모음으로 구분하여 설명하고 표준영어를 분명한 우리 한글로 제시합니다.

 # Unit 4　화일과 파일 (F와 P 발음)

　이제부터는 본격적인 영어발음법 제1단계로 자음부터 시작합니다.

　컴퓨터와 함께 가장 흔히 쓰는 말이 '파일'입니다. 맞는 말일까요? 외국인은 파일이라고 하면 pile〈만뚝〉을 떠올립니다. file은 〈화일〉이라고 해야지요. 팬이니 팬클럽이니 하는 말은 너무나 흔히 듣는 말입니다. 그런데 외국인에게 팬클럽이라고 하면 아마도 'pan club? 무슨 소리지? 후라이팬으로 요리 연구하는 클럽인가?'라고 생각할지 모릅니다. freedom〈후리덤〉을 '프리덤'이라고 하는 나라는 아마도 지구 상에 한국밖에 없을 것입니다.

　한국인의 영어 발음 중 외국인이 가장 흔히 알아듣지 못하는 것이 바로 F 발음입니다. 매스컴이나 광고에서 거의 100% 잘못된 우리말 표기 때문에 우리가 외국인을 헷갈리게 하는 발음이지요. 영어가 우리말 속에 깊숙이 파고 들어와 있지만 대다수 한국인에는 여전히 F와 P가 똑같은 발음입니다. 그렇다면 왜 F와 P가 따로 있겠습니까?

　그래서 우선 F부터 시작하니 확실하게 교정하여 단번에 끝장을 보기로 합시다. 문제는 F와 P를 구분하지 못하고 F도 P와 똑같이 발음하는 것입니다. 다시 말해서 P는 문제가 없는데 F가 문제이지요. 이제부터는 F를 〈에프〉라고 하지 말고 **〈에후〉**라고 발음합시다.

> **F〈에후〉 발음은 아래위 입술이 붙으면 절대 안 되고 입을 약간 벌린 상태에서 윗니를 아랫입술에 살짝 댔다가 떼면서 〈후〉 하고 내는 소리입니다.**

주의할 점은 휘파람 불듯이 입술을 앞으로 쑥 내미는 것이 아닙니다. 이렇게 되면 윗니가 아랫입술에 붙지 않는 hoo가 됩니다. 또 윗니를 아랫입술에 너무 세게 붙였다 떼면 P 발음처럼 되니까 살짝 댔다가 바로 떼면서 발음하는 것이 핵심입니다. 반면 P〈피〉 발음은 아래위 입술을 꼭 붙였다가 떼면서 내는 소리이지요. 먼저 fill〈휠〉 : pill〈필〉 : hill〈힐〉의 발음을 해 보면서 입술 모양을 확인하기 바랍니다.

우선 아래 간단한 단어들로 F와 P의 발음을 구별하여 봅시다.

- file〈화일〉 / pile〈파일〉
- fine〈화인〉 / pine〈파인〉
- fan〈홴〉 / pan〈팬〉
- fin〈휜〉 / pin〈핀〉
- face〈훼이스〉 / pace〈페이스〉
- ferry〈훼리〉 / perry〈페리〉
- fair〈훼어〉 / pair〈페어〉

- fast〈홰스트〉 / past〈패스트〉
- fill〈휠〉 / pill〈필〉 / hill〈힐〉 / heal〈힐-〉
- full〈훌〉 / pull〈풀〉 / fool〈훌-〉 / pool〈풀-〉
- foot〈훗〉 / put〈풋〉
- fence〈휀스〉 / pencil〈펜슬〉
- free〈후리〉 / pre〈프리〉
- fried〈후라이드〉 / pride〈프라이드〉
- fashion〈홰션〉 / passion〈패션〉
- hitting〈힛팅〉 / fitting〈휘팅〉 / pitting〈피팅〉 / heating〈히-팅〉

특히 F가 앞에 나올 때 P와 명확히 구분해야 합니다. 화일이나 파일이나 똑 같이 파일이라고 하는 것처럼 F와 P를 구분하지 못하면 외국인이 헷갈려서 제대로 소통이 되지 않습니다.

아래 제시하는 단어들은 대부분 우리가 광고 등에서 흔하게 대하는 익숙한 것들만 모은 것이니 F 발음이 확실하게 자리 잡도록 연습하기 바랍니다. 처음엔 좀 불편할지 모르나 곧 습관화됩니다. 잊지 말아야 할 것은 F가 앞에 있든 뒤에 있든 반드시 윗니를 아랫입술 안쪽에 살짝 대면서 발음해야 한다는 것입니다.

- 가장 흔히 쓰는 전치사 for는 '포'가 아니고 〈훠〉입니다. 엄밀하게 말하면 〈후오〉를 짧게 한 것과 같은데 끝에 약간 혀를 당겨서 r 발음이 납니다.

- from은 프롬이 아니고 〈후람〉, before는 '비포'가 아니고 〈비훠〉, All for you는 '올포유'가 아니고 〈올-훠유〉입니다.
- "파인, 쌩큐" 하면 "Pine, thank you" - "소나무야, 고마워?"라고 생각하고, fair play〈훼어플레이〉를 '페어플레이'라고 하면 쌍쌍놀이(pair play)? 하고 혼란스럽게 됩니다.
- farewell은 '페어웰'이 아니고 〈훼어웰〉이고, profile은 '프로필'이 아니고 〈프러우화일〉입니다.
- prefer는 '프리퍼'가 아니고 〈프리훠〉, 접두사 prefix는 '프리픽스'가 아니고 〈프리휙스〉입니다.
- 우리가 파리라고 부르는 곤충은 fly〈홀라이〉입니다.
- 외국 식당에서 '에그프라이'를 주문하면 안 통합니다. fried egg〈후라이드 에그〉라고 해야지요. fried chicken〈후라이드 치킨〉을 '프라이드 치킨'이라고 말하면 외국인은 pride chicken? - 자신만만 꼬꼬? 하고 헷갈리지요.
- feeling〈휠링〉을 '필링'이라고 하면 peeling? - 껍질을 벗기나? 하고 생각할지 모릅니다.
- '노스페이스'라는 브랜드가 사회적 이슈가 되어 방송에 나올 때 No Space가 무슨 소린가 했는데 알고 보니 North Face〈노스 훼이스〉더군요. facebook〈훼이스북〉을 '페이스북'이라고 하면 외국인은 pace book? 하고 무슨 소리인지 고개를 갸우뚱할 것입니다.
- folk song〈훡송〉을 '포크송'이라고 하면 외국인은 아마 돼지 노래(pork song)? 하고 헷갈릴 것입니다.

- fun〈훤〉, funny〈화니〉를 '펀'이니 '펀경영'이니 하는데 통하지 않지요.
- IT 기술을 이용한 금융서비스라는 뜻의 '핀테크'란 새로운 용어가 통용되고 있는데 FinTech(Financial+Technique/Technology)는 〈휜테크〉라고 해야 합니다.
- France를 우리는 '프랑스'라 부르지만 외국인과 얘기할 때는 〈후랜스〉라고 해야 통합니다.
- 미국의 유명한 경제잡지 Fortune〈훠춘/휘춘〉을 국내 매스컴에서 '포춘지'라고 인용하는데 미국인에게 '포춘'이라고 하면 누구도 알아듣지 못할 것입니다.
- football은 '풋볼'이 아니고 〈훗볼〉, 훗볼에서의 free kick은 '프리킥'이 아니고 〈후리킥〉, center forward는 '센터포드'가 아니고 〈쎈터 훠워-드〉입니다.
- 농구에서 free throw는 '프리드로'가 아니고 〈후리스로우〉, 그리고 반칙을 흔히 '파울'이라고 하는데 영어로는 〈화울〉(foul)입니다.
- 김연아 선수가 하는 것은 '피겨 스케이팅'이 아니고 〈휘겨 스케이팅〉(figure skating)입니다. 그리고 free skating을 '프리 스케이팅'이라 하면 pre? 먼저 하는 선가 헷갈리니 〈후리 스케이팅〉이라고 해야 합니다.
- Friday는 '프라이데이'가 아니고 〈후라이데이〉, family〈홰밀리〉를 '패밀리'나 '훼미리'라고 말하면 외국인은 무슨 밀인지 알아듣기 어렵지요.

- first lady는 '퍼스트레이디'가 아니고 〈훠스틀레이디〉입니다. 여기서 first time, last time은 t가 겹쳐지니 〈훠슷타임〉, 〈(을)래슷타임〉으로 발음이 됩니다.
- 바르셀로나에 있는 대성당을 우리는 '파밀리아'라 부르지만 현지인은 〈화밀리아〉(Sagrada Familia)라고 부릅니다. 모음을 기준으로 볼 때 스페인어는 영어와 달리 거의 발음기호처럼 발음합니다.

⋯ final은 '파이널'이 아니고 〈화이널〉
⋯ festival은 '페스티발'이 아니고 〈훼스티벌〉
⋯ furniture는 '퍼니처'가 아니고 〈훠니쳐〉
⋯ four season은 '포시즌'이 아니고 〈훠씨즌〉
⋯ force는 포스가 아니고 〈훠-스〉
⋯ focus는 포커스가 아니고 〈훠커스〉
⋯ forum은 '포럼'이 아니고 〈훠럼〉
⋯ forever는 '포에버'가 아니고 〈훠레버〉
⋯ perfect는 '퍼펙트'가 아니고 〈퍼훽트〉
⋯ portfolio는 '포트폴리오'가 아니고 〈포-트훨리오〉입니다. f와 p는 같은 발음이 아니지요.

- 흔히 '필이 꽂힌다'고 말하는데 느낌이 온다는 feel은 〈휠〉이라고 해야지요.

- fact〈홱트〉를 팩트(pact)라고 하면 사실이 아니고 협정으로 전혀 다른 뜻이 됩니다.
- perfect는 '퍼펙트'가 아니고 〈퍼-훽트〉입니다.

⋯› fabric은 '패브릭'이 아니고 〈홰브릭〉

⋯› factory는 '팩토리'가 아니고 〈홱터리〉

⋯› fax는 '팩스'가 아니고 〈홱스〉

⋯› film은 '필름'이 아니고〈휠름〉

⋯› filter는 필터가 아니고 〈휠터〉

⋯› fancy는 '팬시'가 아니고 〈홴시〉

⋯› fantasy는 '판타지'가 아니고 〈홴더시/홴터시〉

⋯› fantastic은 '판타스틱'이 나이고 〈홴**태**스틱〉(환상적인)

⋯› finance는 '파이낸스'가 아니고 〈**화이**낸스〉

⋯› freedom은 '프리덤'이 아니고 〈후리덤〉

⋯› freelancer는 '프리랜서'가 아니고 〈후릴랜서〉

⋯› franchise는 '프랜차이즈'가 아니고 〈**후렌**치이스〉

⋯› farm은 '팜'이 나이고 〈홤-〉

⋯› farmer는 '파머'가 아니고 '화머', 파머(Palmer)는 사람 이름입니다.

⋯› flower는 '프라워'도 '플라워'도 아니고 〈훌라워〉

⋯› floor는 '플로어'가 아니고 〈훌로어〉

⋯› field는 '필드'가 아니고 〈휠드〉

⋯› feedback은 '피드백'이 아니고 〈휘-드백〉

⋯› refill은 '리필'이 아니고 〈리휠-〉입니다.

- 길이를 재는 단위 feet는 '피트'가 아니고 〈휘-트〉, high-five는 '하이파이브'가 아니고 〈하이화이브〉입니다.
  - Hi-Fi(high fidelity)는 '하이파이'가 아니고 〈하이화이〉,
  - Wi-Fi(wireless fidelity)는 '와이파이'가 아니고 〈와이화이〉인데 〈화이〉에서 윗니를 아래 입술에 살짝 대야 합니다.
- SNS 트위터에서 follower는 '팔로어'가 아니고 〈활로워〉, following은 '팔로잉'이 아니고 〈활로윙〉입니다.
- 요즘 사회적 문제인 voice fishing/phishing은 '보이스 피싱'이 아니고 〈보이스 휘싱〉입니다.
  - friendly는 '프렌드리'가 아니고 〈후렌들리〉
  - front는 '프론트'가 아니고 〈후란트〉
- ferry boat는 '페리보트'가 아니고 〈훼리보트〉입니다. 페리(Perry)는 남자이름이지요.

⋯⋯⋯⋯⋯⋯⋯⋯⋯⋯⋯⋯⋯⋯⋯⋯⋯⋯⋯⋯⋯⋯⋯⋯⋯⋯⋯⋯⋯⋯

⋯▶ fast food는 '패스트푸드'가 아니고 〈홰스트후-드〉
⋯▶ food court는 '푸드코트'가 아니고 〈후-드코트〉
⋯▶ 아침식사 breakfast는 '브렉퍼스트'가 아니고 〈브렉훠스트〉
⋯▶ task force는 '태스크포스'가 아니고 〈태스크훠스〉
⋯▶ nonfiction은 '논픽션'이 아니고 〈난-획션〉이 바른 영어발음입니다.

⋯⋯⋯⋯⋯⋯⋯⋯⋯⋯⋯⋯⋯⋯⋯⋯⋯⋯⋯⋯⋯⋯⋯⋯⋯⋯⋯⋯⋯⋯

- fighting〈화이팅〉을 '파이팅'이라고 하면 외국인은 도대체 무슨 말인지 헷갈릴 것입니다. 그리고 우리가 "힘내라, 잘하자"라는

격려의 뜻으로 흔히 쓰는 '화이팅'이란 말은 본래 싸움, 전투란 뜻이어서 우리처럼 그렇게 쓰이지는 않습니다.

- 이전에 '갓파더'라는 영화가 나와서 무슨 소리인가 했더니 God-father〈가드화더〉이더군요.

  이왕 '가드'란 말이 나왔으니 좀 더 살펴볼까요? 언제부터인가 놀랍다는 의미로 '오 마이 갓'이란 영어를 너나없이 쓰게 되었는데 특히 연예인들이 자주 쓰더군요. 그런데 영어로 'Oh my god'〈오 마이 가드〉란 말은 오 하느님! 할 정도로 정말 놀라운 일을 당했을 때 쓰는 말이지 우리처럼 그렇게 흔히 쓰는 말은 아니니 외국인과 대화할 때는 염두에 두고 바르게 써야 합니다. 경험으로는 'Oh my god'란 말을 가장 많이 들었던 때는 미국의 9·11 테러로 무역센터 빌딩이 붕괴되는 대참사 현장을 중계할 때였습니다. God bless you도 '갓 블레스 유'가 아니고 〈가드 블레스 유〉라고 합니다. God는 〈가드〉이지 빨리 말한다고 '갓(got)'이 될 수는 없습니다.

- bad〈배드〉와 bat〈뱃/뱃트〉도 마찬가지로 bad를 빨리 말한다고 '뱃'이라고는 하지 않습니다. 우리말을 보아도 '구두'를 빨리 말한다고 '굿'이라고 하지는 않지요.

이번에는 F가 중간이나 뒤에 올 때의 발음을 살펴볼까요? 이 발음을 우리말로 정확히 표기하기는 사실상 곤란합니다.

- fifty〈휘프티〉에서 가운데 〈프〉는 F 발음에 너무 신경 쓰지

않고 대충 P처럼 한다 해도 크게 문제되지는 않습니다. 그러나 습관이 되면 바른 F 발음이 오히려 편합니다.

- staff<스태프>를 흔히 '스탭'이라고 하나 정확히 말하면 '스탭'이 아니고 '스태후'인데 <후>에서 F 발음을 제대로 하면 <스태프>처럼 됩니다. step<스텝>과는 전혀 다른 발음입니다.
- knife는 '나이프'라기보다는 <나이후>인데 F 발음을 잘해야 됩니다.
- wolf(늑대)는 '울프'가 아니고 <월프>, 흔히 '마후라'라고 부르던 muffler는 '머플러'가 아니고 <머훌러>, butterfly는 '버터프라이'가 아니고 <바더훌라이/버터훌라이>입니다.
- '폼 잡는다'고 하는 form은 '폼'이 아니고 <훰>인데 장모음이어서 약간 길게 <훠-ㅁ>이 맞는 발음입니다.
- platform은 '플랫폼'이 아니고 <플랫훰>
- performance는 '퍼포먼스'가 아니고 <퍼훠먼스>
- transformer는 '트랜스포머'가 아니고 <트랜스훠머>(변압기, 변신로봇)
- affect, effect는 '어펙트', '이펙트'가 아니고 <어훽트>, <이훽트>에 가깝습니다.
- 동사 confirm<컨훰->이 명사가 되면 confirmation<칸훠메이션>이 되듯이 일반적으로 액센트가 동사는 뒤에, 명사는 앞에 옵니다.
- conference는 '콘퍼런스'가 아니고 <칸후런스>에 가까운 발음입니다.

P는 우리말 <ㅍ>과 똑같아서 별문제가 없으니 간단히 살펴봅니다. stop<스탑>, map<맵>, clip<클립>과 같이 P가 뒤에 올 경우는 P가 받침이 되어 따로 발음하지 않습니다(무성음). '스타프', '매프', '클리프'라고 하지 않지요.

이제는 F 발음에 대해서 분명하게 터득이 되셨나요? 한국인 영어에 정말 중요하여 예시를 좀 많이 들었는데 연습을 해보면 별로 어렵지 않게 습관이 됩니다. 혹시 아직도 혼동이 되면 아래 단어들을 주의해서 연습해 봅시다. 단모음과 장모음도 구분해야 합니다.

- hill<힐>, heal<힐->, fill<휠>, feel<휠->, pill<필>, peel<필->

위에서 '힐'과 '필'은 우리말 발음과 같지만 '휠'은 윗니를 아랫입술에 대면서 합니다.

Unit 5   파닉스와 화닉스 (PH 발음)

이번에는 조금 까다로운 발음인 PH를 살펴보겠습니다.

> PH의 발음은 F와 같다고 보면 됩니다. 즉 P 발음처럼 아래위 입술이 붙어서는 안 되고, 윗니를 아랫입술에 붙였다 떼면서 내는 발음입니다.

다시 말하면 PH를 P처럼 발음해서는 안 된다는 것입니다.

- Phonics는 발음 중심의 교수법을 말합니다. 서점에는 '파닉스'라는 이름의 어학 교재가 많지요. 그런데 발음이 절대로 '파닉스'는 될 수 없습니다. 발음을 가르쳐준다는데 제목부터 잘못 가르쳐주는 셈이지요. 〈화닉스〉라고 해야 됩니다. 단, 〈화〉는 윗니를 아랫입술에 살짝 대면서 발음을 합니다.
- photo는 '포토'가 아니고 〈휘토〉인데 미국인들은 대개 〈휘도〉라고 하지요. 〈휘토〉가 표준인데 미국식 발음으로 변화된 것이며 이 부분은 뒤에 다시 설명하겠습니다.
  - photograph는 '포토그래프'가 아니고 〈휘토그래프〉인데 정확

히 말하면 끝에 ph〈프〉는 F가 뒤에 올 때처럼 아래위 입술이 붙지 않고 '후'라고 약간의 바람을 내뿜듯 합니다.

- graph는 '그래프'보다 〈그래후〉에 가까운 발음입니다.

⋯ telephone은 '텔레폰'이 아니고 〈텔러훤-/텔리훤-〉

⋯ phase는 '페이스'가 아니고 〈훼이스〉

⋯ pharmacy는 '파머시'가 아니고 〈화머시〉(약국)

⋯ phonetic은 '포네틱'이 아니고 〈훠네틱〉

⋯ pamphlet은 '팜플렛'이 아니고 〈팸-플럿〉

⋯ physics는 '피직스'가 아니라 〈휘직스〉(물리학)

⋯ phoenix는 '피닉스'가 아니고 〈휘-닉스〉(불사조)

⋯ physical은 '피지칼'이 아니고 〈휘지컬〉

⋯ **Phil**ippines는 '필리핀'이 아니고 〈**휠**리핀스〉

⋯ philosophy는 '필로소피'가 아니고 〈훨**라**서피〉(철학)

⋯ 우리가 '필하모니 오케스트라'라고 하는 Philharmonic Orchestra는 영어로 〈휠러**마**닉 오케스트라〉 또는 〈휠**하**모닉 오케스트라〉라고 합니다.

⋯ Chamber Orchestra는 '챔버 오케스트라'가 아니고 〈**체임**버 오케스트라〉입니다.

PH와 유사한 발음으로 GH가 있습니다.

tough는 '터프'도 '타프'도 아니고 〈**타**후〉인데 〈후〉는 윗니를 아랫입술에 살짝 대고 약하게 숨을 내뿜는 것 같은 소리입니다. enough〈인**아**후〉도 마찬가지입니다.

결론적으로 F, PH, GH 모두 발음기호는 같은 f가 됩니다. 단, Ghana<**가나**>, ghost<**고우스트**>와 같이 gh가 앞에 나올 때는 f가 아니라 g와 같은 발음이 됩니다.

 # 그래스와 글래스 (L과 R 발음)

다음은 L과 R의 발음입니다. F 다음으로 외국인이 헷갈리는 한국인의 영어 발음이 바로 L입니다. L을 R과 구별하지 못하고 L도 R과 똑같이 발음하기 때문이지요.

> R〈아르〉 발음은 혀가 입천장에 붙으면 안 되고, 반대로 L〈엘〉 발음은 혀끝이 반드시 입천장에 붙었다 떨어져야 합니다.

그래서 R은 '알'이라고 발음하지 말고 〈아르〉라고 해야 합니다. 정확히는 혀를 약간 안으로 구부리며 하는 〈아-〉입니다

특히 L이 앞에 나올 때 우리말로는 R과 구분하여 표현하기가 불가능한 것이 우리가 L 발음을 분명하게 못 하는 이유입니다. 그러나 L이 가운데 있을 때는 명백히 R과 구분하여 표기가 가능합니다.

우선 아래 단어들을 통해 R과 L을 구별해 봅시다.

- grass〈그래스〉: glass〈글래스〉
- brand〈브랜드〉: blend〈블렌드〉
- erection〈이렉션〉: election〈일렉션〉
- prey〈프레이〉: play〈플레이〉
- fry〈후라이〉: fly〈훌라이〉: ply〈플라이〉

 위의 예를 잘 보면 금방 이해가 될 것입니다. 이와 같이 L과 R을 명확히 구분해서 발음하지 않으면 외국인은 혼동이 됩니다. 영어를 좀 한다는 사람들이 흔히 유리잔을 '그라스'라고 하는데 '그라스'는 grass의 영국식 발음입니다. 즉 풀, 또는 잔디를 말하는 것이지요.

 다시 한 번 강조하면 R 발음은 혀가 입천장에 붙으면 안 되고, 반대로 L 발음은 혀끝이 반드시 윗니 안쪽과 입천장에 붙었다 떨어져야 합니다. R 발음은 좀 더 구체적으로 표현하자면 혀끝을 평상시보다 약간 안쪽으로 당기면서 〈아르〉라고 하면 됩니다. 혀를 안으로 당기니 혀끝이 입천장에 붙는 L과 구분이 되고 혀를 굴리는 본토 발음이 되는 것입니다. L이 앞에 나올 때가 특히 어려운데 반드시 터득해야 합니다.

 아래 단어들을 어떻게 구별하여 발음하는지 시도해봅시다.

- row/low, rub/love, read/reed/lead
- road/load, right/write/light, rack/lack
- ripe/life, rib/leave, river/liver, ramp/lamp
- rate/late, ready/lady, run/learn, wrist/list
- wrong/long, room/loom, roof/loop

아주 흔히 쓰이는 단어들인데 만일 아직도 각각 똑같은 발음처럼 보인다면 아래의 설명을 잘 보고 새롭게 연습을 해야 합니다.

L 발음

문제는 L 발음인데 L이 처음에 나올 때만은 사실상 정확한 발음을 우리 한글로도 R과 구별하여 표현하기가 어렵습니다. 그러나 실제로 발음할 때는 분명히 구분할 수가 있으니 여기에 그 방법을 제시합니다.

- row와 low를 똑같이 〈로우〉라 하면 안 됩니다. low는 〈(을)로우〉로 발음하되 (을)은 아주 짧게 하고 이어서 〈로우〉를 발음합니다. wrong〈롱〉과 long〈(을)롱〉도 마찬가지입니다.
- London은 '린던'이 아니고 〈(올)런든〉입니다. 외국 호텔에서 로비(lobby)를 찾으면 거의 알아듣지 못하니 〈(을)라비〉라고 해

야 합니다.
- label은 '라벨'이 아니고 〈(을)레이블〉입니다.
- right와 write는 우리말 그대로 〈라이트〉, 또는 〈라잍〉이라 발음하면 되나 light는 〈(을)라이트〉입니다.
- 라이프(ripe)와 (을)라이프(life)는 전혀 다른 말입니다. 마찬가지 방법으로 lady는 〈(을)레이디〉, laser는 〈(을)레이저〉, letter는 〈(을)레터〉, lovely는 〈(을)라블리〉로 발음해야 합니다.
- lunch는 '런치'가 아니고 〈(을)란치〉
- language는 〈랭귀지〉가 아니고 〈(을)랭귀지〉
- law firm은 '로펌'이 아니라 〈(을)로-훰〉입니다.
- 직매장 Outlet을 흔히 '아웃렛'이라고 쓰는데 발음상 〈아울렛〉이라고 쓰는 것이 좋을 것 같습니다.

L이 중간에 나올 때는 명확히 R과 구별이 가능한데도 한글 표기는 대부분 그렇지 못합니다. 우선 L이 중간에 올 때만이라도 한글 표기를 바르게 하면 좋겠습니다.

⋯▸ television은 '테레비죤'이 아니고 〈**텔**러비젼〉
⋯▸ Olympic은 '오림픽'이 아니고 〈**올**림픽〉
⋯▸ clover는 '크로버'가 아니고 〈**클**로우버〉
⋯▸ 치아를 심는 implant는 '임프란트'가 아니고 〈임플**랜**트〉입니다.
⋯▸ highlight는 '하이라이트'가 아니고 〈하일라이트〉
⋯▸ headlight는 '헷드라이트'가 아니고 〈헤들라이트〉

- ⋯ parkland는 '파크랜드'가 아니고 〈파-클랜드〉
- ⋯ pipeline은 '파이프라인'이 아니고 〈파이플라인〉
- ⋯ headline〈헤들라인〉, skyline〈스카이라인〉, off-line〈오플라인〉
- ⋯ workload는 〈워클로드〉 - 이런 발음을 통해 L 발음을 분명하게 터득합시다.
- ⋯ major league의 발음은 '메이저리그'가 아니고 〈메이절리그〉
- ⋯ melon은 '메론'이 아니고 〈**멜런**〉입니다.
- ⋯ Plaza Hotel은 '프라자호텔'이 아니고 〈**플래자**/프라자 호텔〉

- 흔히 '베버리힐즈'라고 부르는 미국 LA의 부자 동네 Beverly Hills를 미국인들은 〈**베벌리 힐스**〉라고 부릅니다.

- '엔제리너스'는 상호를 처음 보았을 때 무슨 뜻인가 의아했는데 영문으로 Angel-in-us〈에인절-런-아스〉이더군요. 좀 더 쉽게 설명하자면 우리말 '절인'은 '저린'으로 발음이 되지만, 영어의 L은 마치 '절린'처럼 ㄹ이 겹쳐진 것과 같은 발음이 됩니다.

- 반대의 현상도 있습니다. mirror(거울)는 〈미러〉인데 back mirror〈백미러〉를 흔히 '백밀러'라 하고 자동차 설명서에조차 '백밀러'라고 되어 있는데 밀러(Miller)는 사람 이름입니다. 참고로 back mirror는 한국식이고 영어로는 rear view mirror 또는 side mirror라고 합니다.

- TV에서 '화로우미, 화로우미'라고 노래를 하기에 무슨 소리인가 했더니 자막에서 'follow me, follow me'라고 보여주었습니다.

아무리 우리 노래라 해도 영어이니 <활로우미>라고 해야 하지 않을까요? 더구나 K-Pop이 온 세계를 열광시키고 있고 우리 가수들이 점차 국제 무대로 진출을 하고 있으니 정확한 발음을 해야 합니다.

이제 중요한 L 발음에 대해서 명확히 이해가 되셨나요? 다른 나라 얘기를 좀 해 볼게요. 스페인어와 이태리어의 앨퍼벳을 보면 **L을 ele<엘레>, R은 ere<에레>**로 발음하여 뚜렷이 구분이 됩니다.

베트남(Viet Nam/비엣남)에서 근무할 때 베트남어를 좀 배우다 보니 앨퍼벳 L, R을 그들은 **<엘르>, <에르>**라고 하는 것을 알게 되었습니다. 그리고 보니 베트남인들은 영어도 자국어도 L과 R의 발음을 아주 뚜렷이 구분하는 것을 알 수 있었습니다. 베트남의 명승지 Ha Long Bay를 그들은 <할롱베이>라고 부르는데 우리가 '하롱베이'라고 하니 현지인이 헷갈려서 <할롱베이> 아니냐고 되묻더군요.

우리도 앨퍼벳 L, R을 뚜렷이 구분하기 위해 '엘', '알'이 아니고 **<엘>, <아르>**로 명확히 구분하고, 앞에 나온 F도 '에프'가 아니라 **<에후>**로 가르치면 이런 발음을 처음부터 쉽게 구분하게 될 것입니다. 스페인어와 이태리어에서는 F는 efe<에훼>라 하고 이와 구별이 되도록 P는 pe<뻬>로 <ㅃ> 발음을 합니다.

📢 R 발음

이번에는 R 발음을 보겠습니다. L에 비해서 별 문제는 없지만요. R의 정확한 발음은 〈아r〉, 즉 혀를 약간 당겨서 발음을 합니다. 처음에 이해가 안 될 수 있으므로 위에 말한 것처럼 우리도 **〈아르〉**로 발음하라고 가르치는 것이 가장 확실한 방법일 것 같습니다. 예전 영어를 처음 배울 때 R 발음은 아- 하면서 가래 끓는 소리를 내면 된다고 들었던 기억이 나는데 이것도 애매하긴 마찬가지입니다. 〈아르〉 발음으로 배우기 시작하면 혀가 입천장에 붙는 L〈엘〉과 구별하여 R〈아르〉는 혀를 입천장에 붙이지 않는 발음이라는 것이 쉽게 이해될 것입니다.

- right〈라이트/라잇〉은 우리말과 거의 같게 발음해도 소통에 큰 문제는 없지만, 굳이 명확히 표현하자면 혀끝을 약간 당겨서 R 발음을 하니까 〈롸이트〉에 가깝습니다. All right은 '오라잇'도, '올나잇'도 아니고 〈올-라잇〉으로 all-right을 분명히 구분하여 발음합니다.
- 우리는 흔히 '렌트카'라고 하는데 외국에서는 〈렌터카〉라고 합니다. Rent Car가 아니라 Rent a Car이기 때문이지요.
- 우리가 싱가폴(Singapore)이라 부르는 나라가 있는데 이는 콩글리시입니다. 영어로는 R 발음을 바르게 하니 **〈씽거포어〉**라고 합니다.

영어를 말할 때, 특히 R 발음을 할 때 혀끝을 안으로 말아 올려서 혀를 굴리는 발음, 속칭 '빠다발음'을 해야 세련된 영어라고 강조하고 열심히 훈련시키는 선생님들도 있는데 그 정도까지 무리할 필요는 없습니다. 그저 혀끝이 입천장에 닿지 않게 하고 약간만 끌어당겨서 발음하면 충분합니다.

이를 염두에 두고 park[paːrk]를 발음해 볼까요? 우리말 그대로 〈파-크〉라고 해도 통하지만 엄밀히 말하면 사전에 표기된 발음기호[pɑːrk]처럼 단순한 a- 장모음이 아니고 중간에 r 발음이 들어있습니다. 그러니 〈파-〉 발음에서 혀를 약간 당겨주면서 R 발음을 하여 〈파-r크〉라고 하는 것이 정통영어인데 연습을 해 보면 진짜 native speaker의 느낌을 알 수 있습니다. heart〈하-r트〉, church〈처-r치〉도 같은 모양입니다. Charles라는 이름은 '찰스'가 아니고 정확히 발음을 하면 〈차-r알스〉로 중간에 혀끝을 약간 당겨서 굴리는 것입니다.

특히 미국인들은 이렇게 R이 중간에 있을 때 혀를 굴리는 것이 습관이 되어있습니다. 주의해서 연습해 보면 우리말로는 표기도 어렵고 설명도 어려운 세련된 미국식 영어 발음이 됩니다. 그러나 영국인들은 혀를 굴리는 R 발음을 거의 안 하므로 우리말〈파-크〉, 〈하-트〉와 같다고 말할 수 있습니다.

개인적 소견이지만 제3국인이 영어로 말할 때 억지로 혀를 너무 심하게 굴리는 것은 오히려 꼴불견입니다. 영어의 본고장 영국인들은 거의 혀를 굴리지 않고 명확한 발음을 하고 미국인들도 대체로 지식계층일수록 혀를 굴리지 않고 좀 더 명확한 발음을 하는 경향이 있습니다. 세계적 표준영어를 쓰면 되지 미국 사투리나 슬랭(slang)까지 따라 할 필요는 없습니다. 우리가 영어로 외교나 무역, 사업을 하는 상대는 미국, 영국뿐만 아니라 우리처럼 영어가 외국어인 나라가 더욱 많고, 그런 나라 사람들과는 명확한 발음이 잘 통한다는 것을 염두에 두시기 바랍니다. 혀를 굴리는 것이 중요한 것이 아니고 자음과 모음을 전반적으로 바르게 발음하는 것이 중요합니다.

반기문 유엔사무총장의 영어를 들어보았나요? 오랜 외교관 생활을 거쳐 최고의 자리에 오른 분이지요. 처음에 들으면 어딘가 좀 어색한 것 같지만, 혀를 전혀 굴리지 않고 세계인 누구나 알아듣기 쉽게 명쾌한 발음을 하시니 오히려 호평을 받는다고 합니다. 그러나 상당한 수준의 고급 어휘를 구사하시는 것으로 정평이 나 있지요.

F와 P, 그리고 L과 R의 발음만 명확히 구분해서 할 수 있다면 여러분도 이제 외국인이 알아듣는 제대로 된 영어 발음 제1단계를 터득한 것입니다. 유의해서 연습해 보면 그다지 어려운 것도 아닙니다. 그동안 분명하게 터득을 하지 못했을 뿐입니다. 물론 이 책 후반에 나오는 모음의 발음과 조합이 되어야지요.

Unit 7 테라피와 쎄러피 (TH 발음)

누구에게나 가장 어려운 영어 발음은 아마도 TH 발음일 것입니다. 실은 한글로 정확한 표기를 하기도 어려운 글자입니다.

TH 발음은 혀끝을 아래윗니 사이로 살짝 내밀며 하는 것입니다. 혀끝을 윗니 안쪽에 붙이면 안 됩니다.

자꾸 연습하면 원어민처럼 할 수 있지만 똑같이 하려고 너무 애쓸 필요는 없습니다. TH 발음만은 다른 외국인들도 어려워하기는 마찬가지입니다. 그렇지만 진짜 세련된 영어를 위해 혀끝을 살짝 내미는 연습을 해보면 우리도 본토 발음과 똑같이 할 수가 있습니다.

TH 발음을 굳이 발음기호로 보자면 ⟨θ⟩, ⟨ð⟩로 많은 경우 TH 발음을 T와 구분하지 못하는데 TH는 T와 전혀 다른 발음입니다. 아래에 예시된 단어들만 잘 익히면 완전하게 터득할 수 있을 것입니다.

- Thank you를 ⟨쌩큐⟩라 하든 ⟨땡큐⟩라 하든 다 통하지만 ⟨쌩

큐〉로 발음하는 것이 맞습니다. TH 발음은 〈쌩큐〉와 같이 혀끝이 윗니에도 아랫니에도 붙지 않는 것인데 '땡큐'는 혀끝을 윗니 안쪽에 붙였다 떼면서 내는 소리입니다.

- sought와 thought는 우리말로는 양쪽 다 〈쏘-트〉라고 표기할 수밖에 없지만 실제로는 th의 발음 시 혀의 모양이 약간 다르게 됩니다. sought〈쏘-트〉에서 〈쏘〉는 혀끝이 아래윗니 안쪽에서 우리말 〈쏘〉와 똑같이 하면 됩니다. 그러나 thought〈쏘-트〉에서의 〈쏘〉는 혀끝이 아래윗니 사이로 살짝 나오되 이에 닿아서는 안 되는 발음입니다. 조금 어렵지만 세련된 영어를 위해 습관이 되도록 좀 연습을 하면 누구나 할 수 있습니다.

- 치료라는 의미로 대개 '테라피'라고 쓰는데 바른 발음은 〈쎄러피〉(therapy)입니다.

- 테마는 영어로 theme〈씸-〉입니다. 우리는 테마파크(theme park)라고 하지만 영어로는 〈씸-팍-〉이라고 하니 서로 소통이 어렵습니다.

- 농구에서 자유투 free throw는 '프리드로우'가 아니고 〈후리스로우〉입니다.

- polyurethane을 우리는 '폴리우레탄'이라고 하는데 미국인은 〈팔리유러세인〉이라고 하니 서로가 알아듣지 못힐 수밖에요.

- thin〈씬〉을 '띤", think〈씽크〉를 '땡크', thickness〈씨크니스〉를 '띠끄니스', something〈썸씽〉을 '썸땡'으로 발음하는 것은 듣기에 거북합니다.

⋯ marathon은 '마라톤'이 아니고 〈**매**러선〉
⋯ throat〈**쓰**로우트〉, threat〈**쓰**레트〉, thorough〈**써**로우〉(철저한)
⋯ theater〈**씨**어더/**씨**어터〉, thirsty〈**써**-스티〉
⋯ theory〈**씨**어리〉, theoretical〈**씨**어레티컬〉(이론적인)
⋯ thousand〈**싸**우선드〉, thought〈**쏘**-트〉
⋯ south〈**싸**우스〉, southern〈**싸**던〉
⋯ north〈**노**-스〉, northern〈**노**던〉

　TH가 중간에 올 경우에는 대개 〈ㅅ〉처럼 발음하지만 역시 혀 끝을 아래윗니 사이로 살짝 내밀며 소리를 내도록 유의해야 합니다. 아래 중요한 단어들을 주의해서 연습해 봅시다.

⋯ **Ca**tholic은 '가톨릭'이 아니고 〈**캐**설릭〉
⋯ **pan**theon은 '판테온'이 아니고 〈**팬**시언〉
⋯ **me**thane은 '메탄'이 아니고 〈**메**쎄인〉
⋯ **e**thanol은 '에탄올'이 아니고 〈**에**써놀〉
⋯ **e**thylene은 '에틸렌'이 아니고 〈**에**실린〉
⋯ **na**phtha는 '나프타'가 아니고 〈**내**프사〉
⋯ **ure**thane은 '우레탄'이 아니고 〈**유**러쎄인〉
⋯ au**thor**〈오-서〉, au**thor**ity〈오**소**러티〉
⋯ or**tho**dox〈오서**닥**스〉(정통의)
⋯ or**tho**graphy〈오**사**그러피〉(철자법)

- birth〈버-스〉, teeth〈티-스〉, breath〈브레스〉
- **a**thlete〈**애**슬리-트〉(선수)
- syn**the**tic〈씬**세**딕〉(합성의)
- **sym**pathy〈**씸**퍼시〉(동정심)

TH가 the, this, those, though, either, feather〈훼더〉, leather〈(을)레더〉와 같이 〈ㄷ〉으로 발음되는 경우에는 혀끝에 크게 신경 쓰지 않아도 됩니다.

- breath〈브레스〉는 동사가 되면 breathe〈브리-드〉가 됩니다. birth〈버-스〉나 teeth〈티-스〉처럼 th가 끝에 올 때는 무성음에 가까운 잇소리 정도로 약한 발음입니다.
- 예외적으로 TH가 T처럼 발음이 되는 경우로 Thomas〈타머스/토머스〉(애칭 Tom/Tommy), Thompson〈탐슨/톰슨〉과 같이 사람 이름이 있습니다.

Unit 8 화이트와 와이트 (WH 발음)

이번에는 **WH의 발음**을 볼까요?

한국인은 대다수가 와이트를 화이트라고 하고 월체어를 휠체어라고 합니다. WH는 기본적으로 H가 아니고 W 발음입니다. 잘못 습관이 된 콩글리시를 정리해 봅니다.

- what〈왓〉을 '핫'으로
- which〈위치〉를 '휘치'로
- white〈와이트〉를 '화이트'로
- whistle〈위쓸〉을 '휘슬'로
- wheel〈윌〉을 '휠'로 발음하는 것은 콩글리시입니다.
- wheelchair는 '휠체어'가 아니고 〈윌체어〉
- flywheel은 '플라이휠'이 아니고 〈훌라이윌〉입니다.

WH가 W처럼 발음되는 단어들;

what〈왓〉, when〈웬〉, which〈위치〉
where〈웨어〉, wherever〈웨어레버〉

while〈와일〉, white〈와이트〉

whip〈윕〉, whiplash〈위플래시〉, whop〈윕〉

wheel〈윌〉, wheat〈위-트〉, whale〈웨일〉(고래)

whisper〈위스퍼〉, whistle〈위쓸〉

WH가 H처럼 발음되는 단어들;

who〈후〉, whose〈후-스〉, whoever〈후에버〉, whom〈훔〉, whole은〈호울〉

- 이와 같이 몇 개의 단어들만이 H 발음이 나는데 한국인은 WH를 거의 H로 발음하니 이것은 문제가 없습니다.

위에 있는 단어들은 사실 아주 흔히 쓰는 기초 영어이므로 그동안 영어 사투리로 잘못 쓰신 분은 고쳐야 합니다. '우리'를 '후리'라고 하거나 '휘파람'을 '위파람'이라고 한다면 상대가 알아듣기 어렵겠지요. 좀 헷갈리지만 우리말 휘파람(휘파람 대신 부는 호루라기도 포함)도 영어로는 '휘쓸'이 아니고 〈위쓸〉(whistle)입니다.

Unit 9 　 콘텐츠와 칸텐스 (S와 Z 발음)

영어에서 가장 많이 쓰이는 **S의 발음**은 특히 어려울 것도 없는데 역시 무의식적으로 잘못된 발음으로 자리 잡은 단어들이 많습니다. 문제는 **S와 Z의 발음**을 혼동하는 것입니다.

영국, 미국인들은 대체로 발음을 부드럽고 쉽게 하는 경향이 있어 Z도 S처럼 발음하는 사람들이 많은데, 어떤 연유인지 유독 우리나라 사람들만 S를 Z처럼 불편하게 발음하는 수가 의외로 많습니다. 우리말 ㅅ과 ㅈ의 발음이 다르듯이 영어도 S와 Z는 분명 다른 발음입니다. 일단 사전에 표기된 발음기호는 잊어버리고 아래 보여준 기초적인 단어들의 발음을 유의해 보기 바랍니다. 강조하고 싶은 것은 말이란 발음이 자연스러워야 한다는 것입니다.

- 가장 기초적인 영어 this is〈디스 이스〉를 '디즈 이즈'라고 하고 does〈다스〉를 '다즈'라고 하는 것은 듣기에 거북합니다. 복수인 these는 this와 구별해서 〈디-즈〉 또는 〈디-스〉라고 합니다.
- 또한 basic〈베이식〉을 '베이직'이라고 하는 것도 어색한데 basic의 어원은 base〈베이스〉입니다. 야구는 base가 있는 운동이어서 baseball〈베이스볼〉이라 합니다. base는 '베이즈'라고 하지

않는데 basic은 왜 '베이직'이라고 하는지 모르겠습니다.
- Please를 '플리즈', Excuse me를 '익스큐즈미'라고 불편하게 발음하지 말고 〈플리스〉, 〈익스큐스미〉라고 편하게 발음하는 것이 맞습니다.
- Jazz는 Z가 두 개나 겹쳐있지만 미국인 대부분이 '재즈'가 아니라 〈째-스〉라고 발음하고, quiz도 '퀴즈'보다는 〈퀴-스〉, size도 '싸이즈'가 아니고 〈싸이스〉라고 발음합니다.
- cheese는 '치즈'보다 〈치-스〉로, 피자(pizza)도 흔히 〈핏싸〉 또는 〈핏짜〉라고 합니다.
- propose를 우리는 '프로포즈'라고 거의 표준말처럼 쓰는데 영어로는 대개 〈프러**포우**스〉라고 합니다. proposal도 '프로포잘'이 아니고 〈프러**포우**설〉입니다.
- 디젤 연료 diesel은 〈디-즐〉 또는 〈디-슬〉인데 미국인들은 주로 〈디-슬〉이라고 합니다.
- fuse는 '퓨즈'가 아니고 〈휴-스〉입니다.
- 우리가 '마요네즈'라고 부르는 mayonnaise 소스는 영어로 〈**메이**어네이스〉라고 합니다.
- Alzheimer라는 질병을 우리는 '알츠하이머'라고 하지만 영어로는 〈알스하이머〉라고 합니다.
- '셜록홈즈'(Sherlock Homes)라는 탐정 영화가 있는데 영화 속에서 부르는 이름은 분명 〈셀락홈스〉입니다. '홈즈'보다 〈홈스〉가 편한 발음이지요.

- 모나리자를 외국인과 얘기할 때는 모날리사(Mona Lisa)라고 해야 통합니다.
- 명사 끝에 s를 붙여 복수가 되었을 때도 z로 발음하는 경향이 있는데 예를 들면 supporters〈써포-터스〉를 '써포터즈'라고 힘든 발음을 하는 것입니다.
- '파이브 데이즈'라는 제목의 책이 있던데 Five Days는 〈화이브 데이스〉가 맞지요.
- soft lens를 우리는 '소프트렌즈'라고 하지만 영어 발음은 〈쏘프틀렌스〉입니다.
- 우리가 '아마존'이라고 부르는 Amazon은 〈애머전〉, 또는 〈애머선〉이라고 합니다. 또한 maximize〈맥시마이스〉처럼 z도 s로 발음합니다. 어떤 언어든 발음이 점차 소리내기 쉽고 부드러운 쪽으로 변화하는 것은 자연스러운 현상이라 할 수 있습니다.
- 물론 영어가 본래 단순하지 않아서 S도 Z처럼 발음하는 단어들도 있습니다. season〈씨즌〉, reason〈리즌〉, prison〈프리즌〉, desire〈디자이어〉, pleasure〈플레져〉 등. 그러나 이런 단어들도 미국인 중에는 z보다 s에 가깝게 발음하는 사람들이 많습니다.
- resume은 〈레저메이〉라고 하면 명사로 '이력서'를 말하고, 〈리줌〉이라 하면 동사로 '재개하다'라는 뜻입니다.

📢 ts와 tz 발음

좀 특별한 S 발음으로 ts와 tz의 발음입니다.

한국인들은 대다수 ds는 '즈'로, ts와 tz는 '츠'로 발음하는 경향이 있습니다. 실상 우리말에서는 '즈, 츠'같이 발음이 불편한 말은 거의 쓰지 않는데 왜 영어에서는 이렇게 어려운 발음을 하는지 모르겠습니다. 아래 예를 보면 알겠지만 실제 영어 발음은 그렇게 불편하지 않고 보다 자연스럽습니다.

- 근래 흔히 쓰는 단어인 contents를 우리는 '콘텐츠'라고 하지만 영어로는 〈칸-텐스〉라고 합니다. 왜 이렇게 다를까요? 이는 위의 단어들과는 달라서 n 다음에 오는 t와 d의 발음을 생략하는 관행에 의해서 만들어진 발음입니다. 이 부분은 후에 다시 설명합니다. friends를 '후렌즈'가 아니고 〈후렌스〉라고 하는 것도 마찬가지 형태입니다.
- 유명한 뮤지컬 '캣츠'(Cats)를 미국인들은 〈캣쓰〉라고 하고, '위대한 개츠비'(Great Gatsby)란 영화(소설)를 〈갯스비〉라고 합니다. 굳이 분석을 해 본다면 ts가 합쳐서 '츠' 발음이 되는 것이 아니고, t는 받침이 되는 것으로 cat〈캣〉에 s가 붙었으니 〈캣쓰〉가 되는 것이지요.
- 우리는 '스포츠'(sports)라고 하지만 영어로는 〈스폿-쓰〉라 하고, running shirts는 '런닝셔츠'가 아니고 〈러닝셧-쓰〉라 합니다. 미국인들은 중간에 r 발음으로 혀를 약간 굴리지요.

- 비슷한 발음으로 doughnuts/donuts를 우리는 '도너츠'라고 하지만 영어로는 〈도우넛쓰〉라고 합니다.
- 긴 구두 boots는 '부츠'가 아니고 〈붓스〉, 미국의 도시 waltz는 '왈츠'가 아니고 〈월쓰〉라고 하지요.
- Pittsburgh는 '피츠버그'가 아니고 〈핏스버-그〉입니다.
- What's that?은 '왓쯔댓'이 아니고 〈왓쓰댓〉입니다. its/it's를 '잇츠'또는 '잇쯔'라고 하는 분들이 많은데 〈잇스〉이고, Let's go〈(을)렛쓰고우〉를 '렛츠고'라고 하는 것도 한국인의 불편한 콩글리시입니다.

위에 있는 단어들의 발음을 비교해 보면 표준영어가 처음에는 어색할지 모르나 더 편안한 발음이라는 것을 알 수 있습니다.

📢 S 발음

일반적인 S 발음에 대해 좀 더 살펴봅시다. S가 앞에 나올 때 사전을 보면 분명 똑같은 발음기호 s인데 우리말로는 〈스〉, 〈쓰〉의 두 가지 소리가 나서 헷갈립니다.

- scale〈스케일〉, scream〈스크림〉, skill〈스킬〉, slave〈슬레이브〉
- smile〈스마일〉, spirit〈스피릿〉, station〈스테이션〉

위와 같이 **S에 자음이 뒤따르면** 〈ㅅ〉 발음이 납니다.

'서비스 센터'라는 말은 이제 우리말처럼 흔히 쓰입니다. 맞는 발음일까요? 아닙니다. 영어로는 정확히 말하면 〈쎄비스 쎈터〉입니다. 아래 단어들을 볼까요?

- sad〈쌔드〉, salary〈쌜러리〉, sea〈씨-〉, search〈써치〉
- sale〈쎄일〉, section〈쎅션〉, self〈쎌프〉, sick〈씨크〉
- sign〈싸인〉, singer〈씽어〉, song〈쏭〉
- some〈쌈〉, solve〈쏠브〉, south〈싸우스〉
- sunset〈썬쎗〉, system〈씨스텀〉
- supply〈써플라이〉, surprise〈써프**라이**스〉
- superman〈**쑤**퍼맨〉

위와 같이 **S에 모음이 뒤따르면** 〈ㅆ〉 발음이 됩니다. '소더비 경매'(Sotheby's Auction)를 미국에서는 〈싸더비〉라고 하지요. '노래하자'는 말은 '싱 어 송'(sing a song)이 아니고 〈씽 어 쏭〉입니다. 영어의 발음기호는 다 똑같은 s여서 된소리의 구분이 불가능한데, 이런 면에서 우리 한글이 더욱 우수하지요. 만일 이거나 저거나 다 통하는 것 아니냐는 생각이 든다면 우리말 '쑥'을 '숙'이라고 해도 통할까 하는 생각을 해 보면 됩니다.

center〈쎈터〉, central〈쎈트럴〉처럼 c가 s처럼 발음이 될 때도 마찬가지로 〈ㅆ〉 발음이 됩니다. 독특한 발음으로 sofa〈쏘파〉를 아직도 흔히 '쇼파'라고 하는데 일본식 발음입니다.

단, 모음이 오더라도 아래와 같은 〈수, 슈〉 발음은 예외입니다.

- soon〈순〉, soup〈숲〉, soot〈숱〉, sure〈슈어〉

이번에는 이해하기 쉽게 우리 기업들의 영문 표기를 예로 들어 볼까요? 이제 세계적 초일류기업이 된 '삼성'은 영어로 'SAMSUNG'이라고 표기합니다. 그러면 외국인들이 '삼성'이라고 부를까요? 천만에요. 어느 나라에서나 대부분 '쌤썽' 또는 '쌤쑹'이라고 부릅니다. 전 세계 어디를 가나 이제는 SAMSUNG 광고판이 최고의 자리를 차지하고 있지요. 근래에 두 달간 유럽 여행을 했는데 현지인들이 코리아에서 왔다고 하니 모두들 '쌤썽' 하면서 엄지손가락을 치켜세워서 기분이 좋더군요. 아마도 영어로 어떻게 표기를 하더라도 외국인이 우리말과 똑같이 삼성이라고 부르기는 힘들 것입니다. 재미삼아 생각해 본다면, 만일 'SOMSUNG'이라고 표기하면 아마 '쌈썽'이라고 하고, 'SHOMSUNG'이라고 한다면 '샴썽'이라고 할 것 같습니다. '쌍용'은 'SSANGYONG'이라고 표기하는데 외국인들은 대개 '쌩영'이라고 부릅니다. 그런데 영어에는 SS로 시작하는 단어가 없으니 좀 기이한 표기라고 생각하겠지요. 외국인들에게 우리말 '사랑해요'를 가르쳐주면 〈싸랑해요〉라고 하지 않던가요? 아마 영어 발음에는 '사'로 시작하는 단어가 없고 〈싸〉라고 하니 그렇게 되나 봅니다.

필자는 성이 '한'이라 영어로 Han이라고 표기하는데 미국 회사에서 일할 때 외국인들이 〈핸〉이라고 불러서 처음에 좀 당황스럽더군요. can, man 등 영어 발음을 생각하면 당연하다는 것을 나중에야 깨달았지요. 또한 이름을 'Chul-soo'라고 쓰고 '철수'라고 부르라 하니 모두들 발음을 잘 따라 하지 못 하더군요. 영어에 비슷한 단어가 없기 때문이지요. 그러던 어느 날 한 미국 친구가 Charles〈찰-스〉라고 부르기 시작하면서부터 영문 이름이 Charles Han으로 되었습니다.

Unit 10 잉글리시와 차이나 (SH와 CH 발음)

특별한 발음이 아닌 것 같지만 발음이 불분명한 것으로 SH와 CH가 있습니다.

 SH 발음

영어라는 English의 발음이 잉글리시인지, 아니면 잉글리쉬인지, 도대체 어느 게 맞는 것일까? 아마도 누구나 이런 생각을 해 보았을 것입니다. 인터넷을 한번 검색해 보면 양쪽 발음이 다 주르륵 나옵니다. 그럼 어느 쪽이 맞는 걸까요?

English<잉글리시>를 '잉글리쉬'라고 표기해 놓은 영어책들이 많은데 '잉글리쉬' 보다는 '잉글리시'가 더 발음이 편하지 않나요? 그렇다면 편한 발음이 표준이고 소통에 전혀 문제가 없습니다. 끝에는 액센트가 없으니 약하게 발음이 되는데 '쉬'라고 한다면 입술을 쑥 내밀어야 하는 힘든 발음이지요.

she를 대개 <시-> 보다는 <쉬>라고 하는데 <쉬>가 틀렸다고 할 수는 없으나 가볍게 <시->라고 해도 아무 문제가 되지 않습니다.

see는 '시-'가 아니고 <씨->로 구별이 되니까요. KBS에 '리더십, ○ ○○'라는 프로가 있는데 어떤 강사가 칠판에 '리더쉽'이라고 쓰더군요. 그만큼 우리는 SH 발음을 무겁게 하는 경향이 있는데 <(을)리더십>이 표준영어입니다.

- SH가 끝에 올 경우에는 액센트가 없으니 bush<부시>, cash<캐시>, fish<휘시>, sash<새시>, brush<브라시>와 같이 <시>로 가볍게 발음합니다. 단, <시> 발음에서 '쉬'할 때처럼 약간 내뿜는 바람 소리를 내므로 <붓시>, <캣시>, <횟시>, <샛시>, <브랏시>처럼 약간 센소리가 되는 것입니다.
- **SH를 <쉬>로 발음하는 경우**는 shred<쉬레드>, shrimp<쉬림프>, shrink<쉬링크>, shrub<쉬라브>처럼 sh 뒤에 r이 올 때입니다.

그럼 **SH 발음이 S와 다른 점**은 무엇일까요?

SH는 S와 달리 앞에 오든 뒤에 오든 절대로 <쓰> 발음이 나지 않습니다. S가 앞에 올 때 <쓰> 발음이 나는 것과 다른 점이지요. 예를 들어 sit<쎗/씨트>, seat<씨-트>와 구분이 되어 sheet는 <시-드>가 되는 것입니다. 힘들게 '쉬-트'라고 하지 않습니다.

특히 아래와 같이 SH는 모음이 따를 때 우리말의 이중모음 '야, 여, 요, 유, 애, 예'로 발음을 하게 됩니다. 이것이 바로 S와 다른 SH의 발음입니다.

⋯ shade〈셰이드〉, shadow〈섀도우〉

⋯ shake〈셰이크〉, shave〈셰이브〉, sharing〈셰어링〉

⋯ shop〈샵〉, shot〈샷〉, show〈쇼우〉, shocking〈샤킹/쇼킹〉

⋯ shall〈섈/셜〉, shell〈셸〉, shelf〈셸프〉, shale〈셰일〉

⋯ sharp〈샤-프〉, shark〈샤-크〉

⋯ shovel〈샤블〉, shirt〈셔-트〉, shower〈샤워〉, shy〈샤이〉

⋯ shoe〈슈〉, should〈슈드〉. shut〈샷〉, shuttle〈샤틀〉

⋯ washer〈와셔/워셔〉

⋯ leadership〈(을)리더십〉, friendship〈후렌십〉

- 이제는 음식점마다 '셀프서비스'라는 표시가 흔히 붙어있는데 〈셀프써비스〉가 가장 맞는 발음입니다.

- 호텔 Sheraton은 '쉐라톤'이 아니고 〈세러톤〉입니다. 발음이란 입모양을 너무 힘들게 하는 것이 아니고, 편하고 가볍게 하면서 비슷한 다른 말과 구분이 되면 됩니다.

- 골프에서 finish 동작을 '피니쉬'라고 하는데 〈휘닛시〉가 맞습니다. 영어는 사실 우리말에 비해 엄청 빨라서 무겁고 힘든 발음이 점차 가볍고 쉬운 발음으로 진화하고 있다고 할 수 있습니다.

- 최근 나온 F사의 광고인데 'Shiner Boa'란 신발 브랜드가 있더군요. 아마도 '신어봐'를 영어로 재미있게 표현한 것 같은데 발음으로 볼 때 아주 잘 표기한 것 같습니다.

📢 CH 발음

China〈**차**이나〉, Chinese〈**차**이니-스〉, Charles〈**찰**-스〉 - 이와 같이 ch를 우리말 〈**ㅊ**〉으로 여기면 됩니다.

예를 들어 China를 '촤이나', church를 '춰취', change를 '췌인쥐'라고 따라 하기도 힘든 발음을 표기한 책들이 있는데 〈차이나〉, 〈처-치〉, 〈체인지〉로 가볍게 발음하면 되고 소통에 아무런 문제가 없습니다.

단, 특별한 발음으로 chef〈셰프〉(주방장)는 본래 French 발음인 것 같습니다.

 # Unit 11   브릿지와 브리지 (DG와 DJ 발음)

이번에는 조금 어려운 **DG와 DJ의 발음**입니다. dg에서는 d가 받침이 아니고 **dg가 합쳐서** <ㅈ> 발음이 됨을 기억합시다.

- 어떤 드라마에서 "엣지(edge)있게"라는 말이 한때 유행을 만들었고 휘겨스케이팅 중계에서도 날 끝을 '엣지'라고 말하는데 '엣지'가 아니고 <에지>가 맞는 발음입니다.
- 교복에 다는 휘장 badge를 예전에는 일본식 발음으로 '빳지'라고 하다가 근래에는 '뱃지'라고 하는데 이는 콩글리시이고 영어로는 <배지>입니다.
- 한국인 대다수가 bridge<브리지>를 '브릿지'라고 하는데 이는 Konglish입니다. 영국의 유명한 대학교 Cambridge는 '캠브릿지'가 아니고 <**케임**브리지>입니다.
- 본래는 쐐기라는 뜻으로 골프채 중에 wedge가 있습니다. 흔히 '웻지'라고 부르는데 <웨지>가 맞습니다.
- 경제 용어인 hedge fund는 '헷지펀드'가 아니고 <헤지환드>입니다. budget(예산)을 '밧젯트'라고 하는 분들이 있는데 <바짓>이 맞고, dredge<드레지>(준설하다), sludge<슬라지>(진흙),

gadget〈개짓〉(도구)도 유의해야 할 발음입니다.

- 미국 프로야구팀 LA Dodgers〈다저스〉도 같은 발음이고, judge〈쟈즈〉(판사), judgement〈쟈즈먼트〉(판정)에서 dg도 같은 발음입니다.

- 비슷한 단어로 adjust〈어**자**스트〉를 흔히 '어드자스트'로 발음하는데 d와 j를 따로 발음하는 것이 아니고 **dj가 합쳐져 〈ㅈ〉** 발음이 됩니다. adjective〈**애**직티브〉(형용사)도 같습니다.

Unit 12 플래시몹과 훌래시마-브
(B와 V 발음)

여기서 **B와 V의 발음**에 대해서 잠시 짚고 넘어가는 것이 좋겠습니다. 쉽게 말하면 B 발음은 P와 같고, V 발음은 F와 같은 모양입니다. 즉, B는 P처럼 아래위 입술을 붙였다 떼며 내는 소리이고, V 발음은 F와 똑같이 윗니를 아랫입술에 살짝 대면서 내는 것입니다.

📢 B 발음

B는 우리말 〈ㅂ〉과 똑같으니 앞에 올 때는 설명이 필요 없겠지요. 그러나 B가 뒤에 올 때는 hub〈허브〉, rib〈리브〉와 같이 B 발음을 짧지만 분명히 해야 합니다. p가 받침이 될 때처럼 '헙', '립'이라고 하는 것이 아닙니다.

- flash mob〈훌래시마브〉를 매스컴에서 '플래시몹'이라고 하는데 이는 콩글리시입니다. mob〈마브〉는 집단이고 mop〈맙〉은 걸레로 전혀 다른 뜻입니다.

- 방송에서 흔히 말하는 ad lib은 '애드립'도 '애드리브'도 아니고 〈애들리브〉입니다. mob와 mop처럼 lib와 lip은 다른 말입니다.
- club을 '클럽'으로 표기하지만 정확한 영어로는 〈클러브〉입니다. 물론 빨리 말하면 〈클럽〉처럼 들리겠지만 p가 받침이 되는 clip〈클립〉과는 분명히 다른 발음이라는 것을 알아야합니다. crab는 '크랩'이 아니고 〈크래브〉입니다.
- 국내 양식당에서 pork rib(돼지갈비)를 대개 '폭립'이라고 쓰는데 영어로는 〈포-크 리브〉라고 해야 통합니다. 여기서 b의 발음은 아래위 입술을 붙였다 떼면서 냅니다.
- 골프장에서 크게 휘어진 코스를 '도그렉'홀이라고 부르는데 dog leg는 〈도글레그〉라고 발음해야 합니다.

아직도 구분이 잘 되지 않을 경우 간단한 단어들의 발음을 몇 개 더 비교해 보면 알게 될 것입니다.

⋯ god〈가드〉: got〈갓〉, got을 우리말로 표기하면 '갓'이겠지만 엄밀하게는 ㅌ 받침 〈같〉이지요.
⋯ bad〈배드〉: bat〈뱉/배트〉
⋯ mad〈매드〉: mat〈맽/매트〉
⋯ mob〈마브〉: mop〈맙〉

 V 발음

이번에는 조금 까다로운 **V 발음**입니다.

F와 V는 한글에는 일치되는 발음과 입모양이 없어서 꽤 오래 연습을 하고 습관화해야 됩니다. 그런데 외국인과의 대화에서 V 발음 때문에 문제되는 경우는 별로 없는 것 같으니 간략히 몇 개만 예로 들겠습니다.

victory〈빅터리〉에서 〈빅〉은 〈휙〉처럼 윗니를 아랫입술에 대면서 발음합니다. 그런데 bic, 즉 우리말 '빅'처럼 발음한다 해도 외국인이 못 알아듣지는 않습니다. bictory라는 단어가 따로 없기 때문이지요. 배관 자재 중에 valve〈밸브〉라는 것이 있는데 〈밸-〉 또는 〈웰-〉처럼 발음하는 외국인들도 있습니다.

V가 뒤에 있을 때는 F가 뒤에 있을 때와 마찬가지입니다. glove〈글라브〉, stove〈스토우브〉에서 뒤의 〈브〉발음은 아래위 입술을 붙이지 않고 윗니만 아랫입술에 가볍게 댑니다. 처음에 잘 안될지 모르나 여러 번 해보면 오히려 발음하기가 더 편하다는 것을 알게 됩니다. globe〈글로우브〉는 glove와 달리 끝에서 아래위 입술을 붙였다 뗍니다(b 발음).

Unit 13 런닝맨과 러닝맨 (MM과 NN 발음)

이번에는 **자음의 중복**에 관해서 알아봅시다.

영어에서는 m, n이 겹쳤다고 해서 우리말처럼 겹쳐서 발음하지 않고 한 개처럼 받음합니다. 이 책도 '하마'니 '파넬'이니 하는 말이 쓰입니다. 수학 시간에 소숫점을 '콤마'라고 하는 선생님들도 있지요. 이런 오랜 관습이 여전히 잘 고쳐지지 않고 있습니다.

인기 TV 프로에 '런닝맨'이라고 있는데 영어라면 발음도 훨씬 편안한 〈러닝맨〉으로 고쳐야 합니다. 가장 영향력이 큰 TV에서 제대로 영어 표기를 해서 우리 영어의 정상화에 앞장서면 좋겠습니다.

아래 단어들은 표준영어와 다른 고질적인 콩글리시입니다.

- ⋯ comma〈카머〉를 '콤마'
- ⋯ summer〈써머〉를 '썸머'
- ⋯ hammer〈해머〉를 '함마'
- ⋯ gammer〈개머〉를 '감마'
- ⋯ running〈러닝〉을 '런닝'
- ⋯ cunning〈커닝〉을 '컨닝'
- ⋯ common〈카먼〉을 '콤몬'
- ⋯ thinner〈씨너〉를 '신너'로 말하고 표기하는 것은 Konglish이니 고쳐야 합니다.
- ⋯ 칸나(canna)라고 부르는 꽃도 영어로는 〈캐나〉입니다.
- ⋯ 오스트리아의 수도 Vienna를 우리는 '비엔나'라고 하지만 외국인들은 〈비에나〉라고 합니다.

위에 반해 누구도 sunny〈써니〉를 '썬니'라고 하지 않고, grammar〈그래머〉를 '그램머'라고는 하지 않습니다. 그런데 어찌해서 '런닝', '컨닝'같은 발음이 되었는지 모르겠습니다.

- 최신 디즈닐랜드 명작영화 '겨울왕국(Frozen)'을 보니 주인공 Anna 공주를 영화 속에서는 모두들 〈아나〉라고 부르는데 자막에서는 한결같이 '안나'라고 나오더군요. 최소한 사람 이름만은 똑같이 불러야 하지 않을까요? 만일 우리 이름 '하나'를 외국인이 '한나'라고 부른다면 알아들을까요?
- 기성세대 중에는 아직도 channel〈채늘/채널〉을 '찬넬', panel〈패

늘/패널〉을 '판넬'이라 부르는 분이 많은데 예전에는 일본식 발음으로 '쟌네루', '반네루'라고 하기도 했습니다.
- 유사한 형태의 단어로서 singer〈씽어〉를 '씽거', hanger〈행어〉를 '행거'라 부르는 것도 잘못된 영어 발음입니다.
- 단, Prima Donna〈프리마 돈나〉, Biennale〈비엔날레〉와 같이 어원이 이태리어나 불어에서 온 음악, 예술에 관련된 단어는 그 나라 말 그대로 발음하는 수가 많아서 틀렸다고 할 수는 없습니다. 그러나 영어로는 〈프리머 **다너**〉, 〈비에날레/비에네일〉로 발음하는 것을 기억해 둡시다.

Unit 14　아카데미와 어캐더미 (A 발음)

이제부터는 본격적인 영어 발음법 제2단계로 모음에 관한 것입니다. 가장 기본적이면서 우리가 진짜 영어와 대부분 다르게 발음하는 앨퍼벳의 시작인 A부터 O, E, I, U로 넘어갑니다.

A 발음

첫 번째 모음으로 A를 어떻게 발음하는지 우선 잘 아는 대표적인 단어들의 예를 들어봅니다. 앨퍼벳의 첫 글자이지만 의외로 발음이 다양하게 변하여 쉽지 않은 것입니다.

America는 '아메리카'가 아니고 〈어메리카〉, Arabia는 '아라비아'가 아니고 〈어레이비아〉입니다. 처음에는 좀 어색하겠지만 몇 번만 발음을 해보면 진짜 영어가 더 발음이 자연스럽고 영어가 왜 이렇게 변화되었을까 하는 생각이 듭니다. 특히 우리가 말하는 외국 국가나 도시 이름 대다수가 발음이 달라서 외국인과 소통이 되지 않습니다. 이에 대해서는 뒤편에 따로 정리합니다.

- 거의 우리의 표준말처럼 되어 있는 아카데미(academy)의 영어 발음은 〈어**캐**더미〉이고, 카메라(camera)의 영어 발음은 〈**캐**머라〉입니다.
- announcer를 우리는 '아나운서'라고 하는데 영어로는 액센트가 가운데 있어서 〈어**나운**서〉라고 합니다.
- 아파트는 우리에게 표준말이지만 영어에는 그런 말이 없습니다. apart〈어**파**-트〉라면 '떨어져 있다'는 뜻이고 apartment〈어**파**-트먼트〉가 우리의 아파트입니다.
- 아날로그(analog)란 말도 표준말처럼 쓰이는데 영어로는 〈**애**널로그〉입니다.
- 휘겨스케이팅에서 모든 선수가 함께 축하연을 벌이는 gala show는 '갈라쇼'가 아니고 〈**갤**러쇼〉입니다.
- 우리가 '알콜'이라고 하는 alcohol은 〈**앨**커홀〉이고, 우리말처럼 흔히 쓰는 balance는 '바란스'도 '발란스'도 아니고 〈**밸**런스〉입니다.
- 우리는 양키(Yankee)라 부르지만 미국인들은 〈**앵**키〉라고 합니다.
- allergy를 전에는 흔히 '알레르기'라고 했는데 근래에는 〈**앨**러지〉라는 영어 발음이 더 많이 쓰이는 것 같습니다.
- 어떤 취미에 빠진 사람을 마니아(mania)라고 하는데 영어로는 〈**메이**니아〉입니다.
- 우리는 발라드(ballad)에 익숙해져 있는데 영어로는 〈**밸**러드〉라 하니 시초가 알아듣기 어렵지요. French(불어)로는 〈발라드〉인

데 이런 음악, 예술에 대한 단어는 Italian이나 French를 그대로 쓴 경우도 많아서 상대방에 따라 다르다는 것을 기억하기 바랍니다.
- 어쨌거나 쌈바춤, 살사춤, 룸바댄스니 하는 dance music을 영어로 얘기할 때는 영어 발음법대로 쌤버(samba), 쌜써(salsa), 람버(rumba)라고 해야 서로 통합니다.

A는 액센트가 있으면 〈애〉, 〈에이〉로 강하게 발음이 됩니다. 그러나 액센트가 없으면 〈아〉, 〈어〉, 〈이〉, 〈오〉, 〈으〉로 약하게 발음되거나 아예 묵음이 되기도 합니다.

위의 룰을 꼭 기억해야 합니다. 어떤 단어에나 주요 액센트는 한 군데 뿐이므로 〈애〉나 〈에이〉가 두 번 나오는 것은 거의 없습니다. 발음의 규칙은 아주 일정합니다.

- Japan(일본)을 흔히 '재팬'이라고 하는데 액센트가 뒤에 있어서 〈저**팬**〉이 됩니다. 막상 일본인들은 이 발음이 안 되니 '자판' 또는 '쟈판'이라고 합니다.
- 매스컴에서 흔히 쓰는 agenda는 '아젠다'가 아니고 〈어**젠**다〉입니다.
- miracle(기적)을 우리는 '미라클'이라고 표준말처럼 쓰는데 영어로는 〈**미**러클〉입니다. 앞쪽에 액센트가 있으니 중간에 a는 약한 〈어〉발음이 되고 결코 '미라클'이란 발음은 될 수가 없지요.
- 경기장 stadium은 '스타디움'이 아니고 〈**스테**이디엄〉입니다.

- 담배(tobacco)는 '토바코'가 아니고 〈터**배**코〉, casino는 '카지노'가 아니고 〈커**씨**노우〉, tabloid는 '타블로이드'가 아니고 〈**태**블로이드〉입니다.
- calorie는 '칼로리'가 아니고 〈**캘**러리〉, category는 '카테고리'가 아니고 〈**캐**터고리〉입니다.
- 노다지 bonanza는 '보난자'가 아니고 〈버**낸**자〉, sabotage는 '사보타주'가 아니고 〈**쌔**버타즈〉입니다.
- 휘겨스케이팅에서 트리플 악셀(triple axel)이라고 하는데 영어로는 〈트리플 **액**슬〉입니다.
- '에덴 동산에 사는 아담과 이브'는 'Adam〈**애**덤〉 and Eve in the Garden of Eden〈**이**든〉'입니다.
- 단, Satisfy〈**쌔**디스화이/**쌔**티스화이〉란 동사가 satisfaction〈**쌔**디스**홱**션〉 또는 satisfactory〈**쌔**디스**홱**터리〉와 같이 명사나 형용사로 변화하여 2음절(two syllables)이상이 될 때 a〈애〉로 발음이 되는 액센트가 두 군데 있을 수가 있는데, 이 경우 뒤쪽의 접미사가 품사를 결정하는 더 중요한 의미가 있어서 앞쪽보다 더 강한 액센트가 됩니다. 이는 일반적인 pattern입니다. satisfaction에서 주요강세(main stress)는 fac에 있고 약강세(secondary stress)는 앞쪽의 밑줄 친 sa에 있습니다.
- nation〈네이션〉 - national〈내셔널〉 - nationality〈내셔**낼**러디〉와 같은 형태의 발음의 변화는 아주 전형적이므로 액센트를 생각하며 기억하기 마랍니다. National을 따시 '나쇼닐'이라고 붙인 상표가 많은데 영어로는 앞에 액센트가 있으니 가운데는 약

음이 되어 〈내셔널〉이라고 발음합니다. 우리가 '파나소닉'이라고 부르는 유명 상표를 미국에서는 〈패너싸닉〉이라고 합니다.
- academy〈어캐더미〉가 형용사가 되면 academic〈애커데믹〉이 됩니다. academic에는 액센트가 두 군데 있는데 이렇게 3~4음절로 된 긴 단어는 액센트가 두 군데 있는데 이런 경우 앞쪽보다 뒤쪽이 품사를 바꾸어 주는 역할을 하므로 주요강세가 됩니다.

아래 단어들의 발음을 bold 처리한 액센트의 위치를 생각하면서 연습해 봅시다.

a 애

ba**na**na〈버**내**나〉, **ca**mera〈**캐**머라〉, **ba**llad〈**밸**러드〉
allergy〈**앨**러지〉, a**na**logy〈어**낼**러지〉(비유)
talent〈**탤**런트〉, Sa**ha**ra〈싸**해**라〉
a**ca**demy〈어**캐**더미〉, aca**de**mic〈애커**데**믹〉
a**gen**da〈어**젠**다〉, a**ven**ger〈어**벤**저〉(복수자)
analyze〈**애**널라이즈〉, a**na**lysis〈어**낼**러시스〉(분석)
analyst〈**애**널리스트〉, a**na**logy〈어**낼**러지〉(비유)
ap**ply**〈어플**라이**〉, appli**ca**tion〈애플리**케**이션〉
candidate〈**캔**디데잇〉, **chance**〈**챈스**〉, **caf**feine〈**캐**핀〉
baritone〈**배**리톤〉, **ca**mouflage〈**캐**머홀라지〉(위장하다)
calendar〈**캘**린다〉, **ca**talog/catalogue〈**캐**덜로그/**캐**털로그〉
circumstance〈**써**컴스탠스〉

finale〈휘낼리〉, jacket〈재킷〉

magnet〈매그닛〉, manager〈매니저〉, nasty〈내스티〉

madam〈매덤〉, master〈매스터〉, marathon〈매러썬〉

marine〈머린-〉, nostalgia〈너스탤지아〉(향수)

mechanical〈미캐니컬〉, mechanism〈메커니즘〉

Panama canal〈패너마 커낼〉

plastic〈플래스틱〉, palette〈팰릿〉, axel〈액슬〉

paradise〈패러다이스〉, paradigm〈패러다임〉

panorama〈패너라마〉, parasol〈패러솔〉

paralyze〈패럴라이즈〉, paralysis〈퍼랠러시스〉(마비)

organic〈오-개닉〉(유기농의)

saxophone〈쌕서폰〉

maestro〈마이스트로우〉

a 에이

Asia〈에이샤〉, Asian〈에이션〉

Arab〈애럽〉, Arabia〈어레이비아〉

America〈어메리카〉, American〈어메리칸〉

Atlantic〈에틀랜틱〉, Australia〈오스드레일리아〉

Italy〈이털리〉, Italian〈이탤리언〉

Persian〈퍼시언〉, Servia〈써비아〉

nation〈네이션〉, national〈내서널〉, nationality〈내셔낼리디〉

disable〈디스에이믈〉, disability〈디써빌러티〉(장애)

abbreviation〈어브리비에이션〉, chamber〈체임버〉
radio〈레이디오우〉, radiator〈레이디에이터〉
patron〈페이트런〉, patronage〈페이트러니지〉
stadium〈스테이디엄〉, glacier〈글레이시어〉(빙하)
angel〈에인절〉, save〈쎄이브〉, skate〈스케이트〉, paid〈페이드〉

a 어

agenda〈어젠다〉, avenger〈어벤저〉(복수자)
asparagus〈어스패러거스〉
cigarette〈씨거렛〉
digital〈디지틀/디지털〉, capital〈캐피틀/캐피털〉
total〈토우덜/토우틀〉, rental〈렌틀〉
hospital〈하스피덜/하스피틀〉, hospitality〈하스피탤러디〉
medal〈메들〉, medalist〈메덜리스트〉
machine〈머신〉, machinery〈머시너리〉
Pacific〈퍼시픽〉
personal〈퍼스널〉(개인의)
personnel〈퍼스넬〉(인원, 직원들-복수)
personality〈퍼스낼러디〉(인격)
character〈캐럭터〉(기질), characteristic〈캐럭터리스틱〉(특유의)

a 이

image〈이미지〉, manage〈매니지〉, message〈메씨지〉,
passage〈패시지〉, village〈빌리지〉
baggage〈배기지〉, luggage〈(을)라기지〉
damage〈대미지〉, sausage〈쏘시지〉, usage〈유씨지〉
advantage〈어드밴티지〉, mortgage〈모기지〉
palace〈팰러스/팰리스〉, necklace〈네클러스〉
preface〈프레퓌스〉, surface〈써피스〉, furnace〈훠니스〉

a 으 (묵음화)

capital〈캐피틀〉, scandal〈스캔들〉, recital〈리사이틀〉

a 오

all〈올〉, always〈올-웨이스〉, small〈스몰〉, salt〈쏠트〉

위의 단어들에 있는 A가 각각 어떻게 발음이 되는지 액센트 위치와 하나씩 비교하며 확실하게 기억합시다. 〈애〉, 〈아〉는 〈어〉보다 입이 더 크게 벌어지고 큰 소리가 나게 되어 있습니다.

- America, agenda, camera 등에서 마지막 a〈아〉는 액센트가 없이 아주 약하게 끝나는 발음입니다. 이는 typical입니다.
- scandal〈스캔들〉, recital〈리씨이틀〉과 같이 마지막 음절(syllable)에서의 a 발음은 거의 생략됩니다. image, message에서는 a가

〈이〉로 아주 약한 발음이 됩니다.

- 어떤 TV 프로에서 연예인 헨리(Henry)와 티파니(Tiffany)가 통화를 하는 장면이 나오는데 헨리가 '티파니'를 〈**티프니**〉라고 불러서 잠시 헷갈렸는데 캐나다에서 자랐으니 미국식 발음으로 부르는 것이겠지요.

- Valentine day는 '발렌타인 데이'가 아니고 〈**밸**런타인 데이〉입니다.

- 변형이라는 의미의 variation은 '바리에이션'이 아니고 〈**베어리에이션**〉입니다. vary〈**베어리**〉, various〈**베어리어스**〉, variety〈버**라이어티**〉.

- 우리가 에나멜이라고 부르는 enamel은 액센트가 가운데 있어 〈이**내**믈〉이라고 합니다.

- aroma는 '아로마'가 아니고 〈어**로**마〉, aromatic은 〈**애러매딕/틱**〉입니다.

- 전문적인 경력이 많다는 것을 흔히 '캐리어'가 많다고 하는데 carrier〈**캐리어**〉라고 하면 화물기나 항공모함, 또는 무엇을 carry하는 운반구입니다. 경력은 career〈**커리어**〉라고 합니다. 비슷한 단어이지만 액센트의 위치가 다르니 전혀 다른 발음으로 구별이 되지요.

- Vietnam 붕타우에 Palace Hotel이 있는데 택시기사에게 〈**팰리스 호텔**〉 가자고 했더니 고개를 갸우뚱하면서 '팔라스호텔?' 하고 되묻더군요. 영어 발음은 어느 나라에서나 헷갈립니다.

- alpha-beta-gamma를 우리는 '알파-베타-감마'라고 하지만 영어

로는 〈앨퍼-베이터-개머〉라고 합니다.

father〈화더〉에서 a는 〈아〉입니다. 그런데 기억해야 할 것은, A는 우리가 거의 '아'로 발음하지만, 영어(특히 미국식 영어)에서는 A를 발음기호 〈a/아〉로 발음하는 단어가 드물다는 것입니다. 비슷한 글자지만 rather는 '라더'가 아니고 〈**래**더〉입니다. 그러면 〈아〉로 발음되는 단어는 없는 걸까요? 그건 아닙니다.

📢 AR〈아-〉 발음

AR만은(ar로 끝나거나 ar+자음으로 이어질 때) 〈애〉가 아니고 〈**아**〉로 발음합니다. 어떤 단어도 앞의 A 때문에 〈애〉로 발음하지 않습니다. 물론 정확하게는 〈아r〉로 혀를 약간 당겨서 R 발음을 냅니다. 아래 단어들을 봅시다.

- bark, dark, lark, mark, park
- carnival, cartoon, card, cart, carpet〈카-핏〉
- charming〈**차**-민〉, seminar, garlic, particlo
- com**part**ment〈컴**파**-트먼트〉
- **car**digan〈**카**-디건〉('가디건'이 아님)
- al**arm**은 '알람'이 아니고 〈**얼탐**-〉

standard〈스탠더드〉, placard〈플래커드〉에서는 액센트가 중간에 있으니 ar 발음이 약한 〈어〉가 됩니다. 〈플래커드〉를 예전부터 흔히 '플랑카드'라고 하는데 어찌해서 이런 발음이 되었는지 기이합니다.

그러나 ar이 아니고도 일반적 현상으로 영국식 영어에는 A를 〈아〉로 발음하는 단어들이 많이 있습니다. 예를 들면 Half past nine을 미국인은 〈해프 패스트 나인〉, 영국인은 〈하프 파스트 나인〉이라고 합니다. 그러나 해외 업무를 주로 하는 영국인들은 미국식 영어를 하기도 합니다.

📢 AU〈오〉와 AW〈오〉 발음

AU와 AW는 좀 헷갈리는데 둘 다 〈오〉로 발음이 됩니다. 아래 단어를 봅시다.

- auto〈오-토〉, author〈오-서〉, authority〈오쏘러티〉
- auction〈옥션〉, **au**tumn〈**오**-텀〉, August〈**오-거스트**〉
- automatic〈오-러매틱/오-터매틱〉, audience〈**오**-디언스〉(청중)
- au**th**entic〈오-**센틱**〉(정통의), as**sault**〈어**쏠**-트〉(공격)
- inauguration〈인**오**-규레이션〉(취임)

- clause〈클로-스〉, **sau**sage〈**쏘**시지〉, **di**nosaur〈**다이**너소어〉(공룡)
- **Au**stria〈**오**스트리아〉, Aust**ral**ia〈오스트**레**일리아〉
- aura를 흔히 '아우라'라고 하는데 〈**오**라〉입니다.
- applaud〈오플로-드〉(박수치다)
- **re**staurant〈**레**스트란-트〉
- awe〈오-〉, law〈(을)로-〉, dawn〈돈-〉, crawl〈크롤〉
- flaw〈홀로-〉(flow〈홀로우〉와는 다름)
- lawyer〈(을)로이어〉
- AU 중 aunt〈앤트/안트〉만은 다른 발음입니다.

미국에서 딸기 아이스크림을 사먹을 때 경험입니다. 어떤 것을 원하느냐 묻기에 '스트로베리'(strawberry)라고 했더니 고개를 갸우뚱하더니 오! 〈스트**라**베리〉라고 하며 알아듣더군요. cause를 미국인들은 〈코스〉보다는 〈카스〉라고 하듯이 AU와 AW를 영국인은 〈오〉로 발음하고 미국인은 〈아〉에 가깝게 발음한다고 보면 됩니다.

Unit 15 코메디와 카머디 (O 발음)

어려서부터 '모델'이란 말에 익숙한 우리가 외국인이 '마들', '마덜' 또는 '마럴'이라고 하면 처음에 무슨 소리인지 알아듣기 어렵습니다. '올리브'(olive)를 〈**알**리브〉라고 하고 '콘서트'(concert)를 〈**칸**서트〉 또는 〈**칸**섯〉이라 합니다. comedy를 우리는 '코메디'라고 하지만 영어로는 〈**카**머디〉라고 하고, comedian은 '코메디안'이 아니고 〈커**미**디언〉입니다.

또한 같은 영어인데 영국인과 미국인의 발음이 다른 것도 많아서 더 헷갈립니다. 영국에 사는 '로버트(Robert)'가 미국에 가면 '라버트'로 개명을 합니다. 왜냐구요? 똑같은 O인데 영국에서는 original English로 〈오〉 발음을 하는 데 반해 미국에서는 〈아〉로 발음하는 것이 보편적 관행이기 때문입니다. 예를 들면 shopping, modern, operator를 영국인들은 〈쇼핑〉, 〈모던〉, 〈오퍼레이터〉라 하고, 미국인들은 〈샤핑〉, 〈마던〉, 〈아퍼레이더〉라고 합니다. '아'는 입을 벌리면서 나오는 가장 편안한 발음이어서 그렇게 진화하고 있는 것 같습니다. 물론 영국에서도 color〈**칼**러〉처럼 O를 〈아〉로 발음하는 단어도 많지요. '컬러'가 아닙니다. One을 미국식은 〈완〉, 영국식은 〈원〉이라고 흔히 발음합니다.

뒤에 미국식 영어와 영국식 영어를 따로 정리하지만 지구 상에는 양쪽이 대략 반반이어서 국제적인 일을 하려면 이를 구분할 줄 알아야 합니다.

---

o는 액센트가 있으면 〈아〉로 강하게 발음됩니다. 그러나 액센트가 없으면 〈어〉 또는 〈오우〉, 〈어우〉로 약하게 발음되거나 아예 묵음이 되기도 합니다.

예를 몇 개 들어봅니다.

- economy〈이카너미〉: 명사로서 앞쪽 o에 액센트가 있어서 〈아〉로 강한 발음이 됩니다. 나머지는 약음이 되므로 앞의 e는 〈이〉로, 뒤의 o는 〈어〉로 발음이 됩니다.
- economical〈이커나미컬〉: 형용사는 뒤쪽에 액센트가 있어서 o가 〈아〉로 강하게 발음이 되고 마지막 뒤쪽의 a는 약한 〈어〉로 발음되어 〈컬〉이 됩니다.
- economic〈이커나믹〉, economics〈이커나믹스〉
- possible〈파써블〉, possibility〈파써빌러티〉, impossible〈임파써블〉
  - possible은 앞에 엑센트가 있어 o가 〈아〉가 되고 i는 약한 〈어〉로 발음됩니다.

아래 단어들도 비슷한 형태입니다.

⋯ for**mal**⟨훠멀⟩ - for**mal**ity⟨훠맬러티⟩
⋯ res**pon**sible⟨리스판서블⟩ - responsi**bil**ity⟨리스판서빌러티⟩

- Welcome⟨웰컴⟩에서는 come⟨캄⟩이 ⟨컴⟩으로 발음되는데 액센트가 앞쪽 wel에 있어 뒤쪽의 come은 약한 ⟨어⟩ 발음이 되는 것입니다.

- 비슷한 말로 Well done은 '웰던'이 아니고 ⟨웰 단-⟩이 되는데 welcome과는 달리 두 개의 단어에 각각 강조되는 액센트가 있기 때문입니다.

- 흔히 **com**pany⟨캄퍼니⟩를 '컴퍼니', **hon**eymoon⟨하니문⟩을 '허니문'이라고 하는데 o에 액센트가 있을 때는 강한 ⟨아⟩발음이지 약한 ⟨어⟩가 아닙니다. 이것을 꼭 기억해야 합니다.

- **cov**er⟨카버⟩를 흔히 '커버'라고 하는데 액센트를 생각하면 맞지 않습니다. TV 프로 디스커버리(dis**cov**ery)는 ⟨디스카버리⟩로 고쳐야 합니다.

- 또한 color를 흔히 '컬러'라고 하는데 앞에 액센트가 있으니 ⟨칼러⟩가 됩니다. 우리가 '콜로라도'라고 부르는 Colorado주를 미국에서는 ⟨칼러라도⟩라고 부릅니다.

- **Sol**omon은 '솔로몬'이 아니고 ⟨쌀러먼⟩이라 합니다.

- postcard는 포스트카드가 아니고 ⟨포슷카-드⟩리고 합니다. 비슷한 말로 미국의 유명 할인매장 Costco는 '코스트코'가 아니고 ⟨카슷코⟩라고 합니다.

- nonstop은 미국식은 〈난스탑〉이고 영국식은 〈논스톱〉입니다.
- often은 미국식은 〈아픈〉, 〈오픈〉이고 영국식은 〈오프튼〉입니다. f 발음이라 open〈오우픈〉과는 약간 다릅니다.
- jogging을 미국인은 〈자깅〉, 영국인은 〈조깅〉이라고 하지요.
- 브로콜리(broccoli)라고 부르는 야채는 〈브라컬리〉입니다.
- 특공대 commando는 '코만도'가 아니고 〈커맨도〉입니다.
- 조금 긴 단어를 예로 들면, 뉴욕에 가서 메트로폴리탄 박물관 (Metropolitan Museum)을 물으면 잘 통하지 않습니다. 미국인들은 〈메트러팔러튼〉이라고 하기 때문이지요.
- politic〈팔러틱〉, policy〈팔러시〉(정책)
- commune은 명사로 쓸 때는 앞쪽에 액센트가 있어 〈카뮨〉(공동체)이 되고 동사로 쓸 때는 뒤쪽에 액센트가 있어 〈커뮨〉(사귀다)이 됩니다.
- communicate〈커뮤니게이트〉(소통하다-동사)
- communication〈커뮤니케이션〉(소통-명사)
- community〈커뮤너티〉(지역사회-명사)

아래 단어들의 발음을 bold 처리한 액센트의 위치를 생각하면서 연습해 봅시다.

project〈프라젝트〉(명사), project〈프러젝트〉(동사)
projection〈프러젝션〉(명사), procedure〈프러씨-저〉
model〈마들〉, novel〈나블〉, modern〈마던〉

monitor〈마니터/모니터〉, monopoly〈머나펄리〉

monument〈마뉴먼트/모뉴먼트〉(기념물)

honor〈아너〉, honest〈아니스트〉, component〈컴포우넌트〉

holiday〈할러데이/홀러데이〉, horror〈하러/호러〉

collection〈컬렉션〉, colloquial〈컬로우퀴얼〉(구어체의)

common〈카먼〉, commonweal〈카먼윌-〉(공공복지)

comment〈카멘트/코멘트〉, committee〈커미디/티〉

consonant〈칸서넌트〉(자음), condominium〈칸더미니엄〉(콘도)

commodity〈커마더티〉(상품), condition〈컨디션〉

compete〈컴피-트〉, competitive〈컴페티티브〉,
competition〈캄퍼티션〉

concert〈칸서트/콘서트〉, contents〈칸텐스〉

council〈카운슬/칸슬〉(의회), counselor〈카운슬러〉(상담가)

control〈컨트로울/컨츠로울〉, costume〈카스튬〉

consolidatioin〈컨쌀러데이션〉(강화)

contradict〈칸트러딕트〉(반박하다)

contrast〈칸트래스트〉(대조)

contribute〈컨트리뷰트〉, contribution〈칸트리뷰션〉

continental〈칸티넨털〉

colleague〈칼-리그〉(동료), colony〈칼러니〉

cosmos〈카즈머스〉(우주)

cosmetic〈카즈메딕/카스메틱〉(화장품)

donkey〈당키〉, monkey〈망키〉

government〈가번먼트〉
globe〈글로우브〉(지구), glove〈글러브〉(장갑)
global〈글로우벌〉, globalization〈글로벌러제이션〉
irony〈아이러니〉, ironical〈아이라니컬〉
monster〈만스터/몬스터〉

October〈악토우버〉, opera〈아프라〉
operator〈아퍼레이더/오퍼레이터〉
opportunity〈아퍼튜너디〉
Oxford〈악스포-드/옥스포드〉
carpet〈카-핏〉, pocket〈파킷〉, rocket〈라킷〉
orange〈아린지/오린지〉, tomato〈터메이도/터마토〉
obviously〈아비어슬리〉, obligation〈아블러게이션〉(의무)
objective〈어브섹티브〉
option〈앞션/앞쉰〉, oppose〈어포우스〉, opposite〈아퍼싯/짓〉
rock〈락〉, trot〈트랏〉, plot〈플랏〉, stomach〈스타먹〉
robot〈로우밧/로우봇〉, robotics〈로바딕스/로바틱스〉
poem〈포우엄〉, poet〈포우엇/포우잇〉, poetry〈포우어트리〉
pose〈포우스〉, position〈퍼지션〉
process〈프라세스〉, progress〈프라그러스〉
prosperous〈프라스퍼러스〉(번창한), prosperity〈프라스페러티〉
positive〈파저티브〉, deposit〈디파짓〉
resolve〈리잘-브〉, resolution〈레설투션〉

society〈써**사**이어티〉, soldier〈**쏘**울저〉
solid〈**쌀**리드〉, **sol**itary〈**쌀**러테리〉(외로운)
sophomore〈**싸**퍼모-〉, mos**qui**to〈머스**키**토〉(모기)
tongue〈탕〉(혀), volun**teer**〈발런**티어**〉
volleyball〈**발**리볼〉, **vow**el〈**바**월〉, **tow**el〈**타**월〉

tech**nol**ogy〈테크**날**러지〉(기술), techno**log**ical〈테크널**라**지컬〉
ide**ol**ogy〈아이디**알**러지〉(이념), ideo**log**ical〈아이디얼**라**지컬〉
bi**ol**ogy〈바이**알**러지〉(생물학), psych**ol**ogy〈싸이**칼**러지〉(심리학)
arche**ol**ogy〈아키**알**러지〉, ve**loc**ity〈벌**라**서티〉

위에 나온 대표적 단어들을 다시 한 번 잘 살펴보면, 명사-형용사에서 액센트의 위치가 어떻게 바뀌고, 이에 따라 발음이 어떻게 변화되는지 typical pattern을 알 수 있을 것입니다. 어떤 단어든지 액센트 위치를 따지면서 발음을 기억해야 잊지 않게 됩니다.

- globe〈글**로**우브〉와 glove〈글**라**브〉는 발음이 다릅니다.
- obviously〈**아**비어슬리〉는 bv가 하나처럼 발음이 됩니다.
- post〈포우스트〉, host〈호우스트〉등 짧은 단음절에서 〈오우〉 발음은 액센트가 없다고 보면 됩니다.
- London을 우리는 '런던'이라 하지만 영어로는 〈(을)런든〉이라 합니다. Jackson〈잭슨〉, Johnson〈잔슨/존슨〉, pardon〈파-든〉, person〈퍼-슨〉 - 이와 같이 o가 끝에 오면 거의 묵음화 되기도

합니다.

기억해야 할 것은 O를 우리는 대부분 '오'로 발음하지만, 영어에서는 실제로 O를 발음기호 〈o/오〉로 발음하는 단어가 극히 드물다는 것입니다(특히 미국식 영어에서).

📢 OR 발음

그러면 〈오〉로 발음되는 단어는 없는 걸까요? 그건 아닙니다. OR만은(or+자음으로 이어질 때) 〈아〉가 아니고 **〈오-〉**로 발음합니다. AR을 〈아〉로 발음하는 것과 마찬가지이지요. 아래 단어들을 봅시다.

born〈본〉, corn, horn, cord, corner〈코너〉
concord〈**칸**코-드〉(화합), con**sor**tium〈컨**소**시엄〉
coordinator〈**코**-드네이터〉(prefix co-ordinator)
orbit〈오빗〉, order〈오더〉, report〈리포-트〉
or chestra〈**오**-키스트라〉, ordinary〈**오**-든에리〉
or ient〈**오**리엔트〉, or ganic〈**오**개닉〉, gorgeous〈고-저스〉
corporation〈**코**-퍼레이션〉(기업), co**op**eration〈코우**아**퍼레이션〉

위의 corporation은 corporate〈코퍼럿〉의 명사형이고, cooperation은 operation의 앞에 prefix(접두사) co가 붙은 것이어서 발음이 다른 것입니다. 사전을 잘 보면 'cor-po-ra-tion', 'co-op-er-a-tion' 이렇게 음절의 구분이 다릅니다. 이렇게 어원 분석을 하면서 단어의 뜻과 발음을 기억해야 효과적입니다.

organization〈오거너**제이**션/오거나이**제이**션〉으로 미국과 영국의 발음이 조금 다릅니다.

아래는 좀 유의해야 할 발음입니다.

- **ma**jor〈메이저〉, ma**jor**ity〈머**조**러디/티〉(다수)
- **mi**nor〈마이너〉, mi**nor**ity〈마이**노**러디/티〉(소수)
- **pri**or〈프라이어〉, pri**or**ity〈프라이**오**러디/티〉(우선권)

Unit 16 에덴과 이든 (E 발음)

"에덴 동산에서 아담과 이브가…" 어려서부터 너무나 많이 듣던 이야기입니다. 그런데 어느 날 외국인이 같은 이야기를 하는데 '**이든**(Eden) 동산에서 **애덤**(Adam)과 이브(Eve)가…' 이렇게 말하면 같은 이야기인지 헷갈리겠지요. '에덴을 왜 이든이라고 하지?' Eden을 〈이든〉이라 하니 Sweden도 '스웨덴'이 아니고 〈스위든〉이라고 합니다.

E 또한 〈에〉 한 가지로만 발음되지 않습니다.

enjoy가 '엔조이'인지 '인조이'인지 도대체가 혼란스럽습니다. 액센트가 앞에 있다면 '엔조이'가 맞겠지만 동사는 액센트가 뒤에 있으니 〈인**조이**〉가 됩니다. environment〈인**바**이런먼트〉도 en에 액센트가 없으니 "엔"이 아니고 〈인〉이 되는 것입니다. essence〈**에**쓴스〉, essential〈이**쎈**셜〉처럼 E 또한 액센트의 위치에 따라 발음이 달라집니다.

E는 액센트가 있으면 〈에〉로 강하게 발음됩니다. 그러나 액센트가 없으면 약하게 〈어〉 또는 〈이〉로 발음이 되거나 아예 묵음이 됩니다.

아래 단어들에서 E가 어떤 발음이 되는지 액센트 위치와 함께 살펴봅시다.

e 에, 어

error〈에러〉, edit〈에딧〉, extend〈익스**텐**드〉
access〈**액**세스〉, accessory〈억**세**서리〉
accelerator〈억**셀**러레이터〉
celebrate〈**셀**러브레이트〉, ceremony〈**쎄**러머니〉
helicopter〈**헬**러캅터〉, mechanism〈**메**커니즘〉
element〈**엘**러먼트〉, emerald〈**에**머럴드〉
mezzanine〈**메**저닌-/**메**써닌-〉(중간층)
develop〈디**벨**럽〉, deputy〈**데**퓨티〉
delegate〈**델**리것/**델**러게이트〉, identity〈아이**덴**터티〉
educate〈**에**쥬케이트〉, reference〈**레**프런스〉,
beverage〈**베**버리지〉, elevator〈**엘**리베이터〉
essence〈**에**쓴스/**에**썬스〉, essential〈이**쎈**셜〉
necessary〈**네**서쎄리〉, necessarily〈네서**쎄**럴리〉
preposition〈프레퍼**지**션〉, television〈**텔**러비전〉
reserve〈리**저**-브〉, reservation〈레저**베**이션〉
recommend〈레커**멘**드〉, recommendation〈레커멘**데**이션〉
select〈썰**렉**트〉, selection〈썰**렉**션〉
second〈**쎄**컨드〉, sentence〈**쎈**턴스〉
system〈**씨**스텀〉, systematic〈씨스터**매**딕〉

veteran〈베더런/베터런〉

e 이

enjoy〈인조이〉, ensure〈인슈어〉, entire〈인타이어〉
engage〈인게이지〉, endeavor〈인데버〉(노력), enigma〈이니그마〉
emerge〈이머지〉, employ〈임플로이〉, escape〈이스케입〉
ticket〈티킷〉, tablet〈태블릿〉, racket〈래킷〉, blanket〈블랭킷〉
cafeteria〈캐퍼티리아〉, strategy〈스트래터지〉
mechanical〈미캐니컬〉, comedian〈커미디언〉
emperial〈임피리얼/임피어리얼〉
emergency〈이머-전시〉
superior〈수피리어/수피어리어〉
recreate〈리크리에이트〉, recreation〈레크리에이션〉

e 으

axel〈액슬〉, cancel〈캔슬〉, model〈마들〉, novel〈나블〉
camel〈캐믈〉, gravel〈그래블〉, enamel〈이내믈〉
general〈제느럴/제너럴〉, interesting〈인트러스팅〉

약간의 변칙도 있어서 E에 액센트가 있어도 〈이〉로 발음되는 특별한 발음도 있습니다.

Eden〈이든〉, evil〈이블〉, even〈이븐〉, evening〈이브닝〉

media〈미디아〉, medium〈미디엄〉

headache〈헤데익〉, stomach〈스타먹〉(위)

height〈하이트〉와 같은 특별한 발음도 있습니다('헤이트'가 아닙니다).

leisure〈(을)리-저〉도 특별한 발음입니다.

- 앞에 얘기했지만 기본적으로 한 단어에서 액센트는 한 군데입니다. element는 '엘레멘트'가 아니고 〈**엘**러먼트〉입니다. 액센트가 있는 e만 〈에〉로 발음이 되고 뒤의 e 두 개는 약음으로 〈어〉가 됩니다.
- Kennedy는 '케네디'가 아니고 〈**케**너디〉입니다. Cinderella〈신더**렐**라〉도 비슷한 발음이지요.
- Elizabeth는 '엘리자베스'가 아니고 〈일**리**저버스〉입니다. 액센트가 두 번째 음절에 있으니 이런 발음이 됩니다.
- 에베레스트 산(Mount Everest)을 영어로는 〈**에**버리스트〉라고 합니다. '에베레스트'라고 하면 액센트가 어디에 있는지 느껴지질 않지요.
- General Electric을 우리말로 '제네랄 일렉트릭'이라고 표기하는데 바른 영어 발음은 〈**제**너럴 일**렉**트릭〉입니다. '제네랄'이란 발음은 될 수가 없습니다.
- negative는 '네가티브'가 아니고 〈**네**거티브〉입니다. 첫 음절 ne에 액센트가 있고 두 번째 음절 ga는 액센트가 없어서 약한 발

음이 되는 것입니다.
- '제네시스'란 자동차도 있고 '제너시스BBQ'란 회사도 있는데 발음법상 Genesis는 〈제너시스〉가 맞습니다.
- 우리가 '세레나데'(serenade)라고 부르는 소야곡은 영어로 〈쎄러네이드〉입니다.
- record는 '녹음, 기록'이라는 명사가 되면 액센트가 앞에 있어 〈**레**커-드〉이고 동사가 되면 액센트가 위에 있어 〈리**코**-드〉가 됩니다. 그러니 동명사 recording을 흔히 '레코딩'이라고 하는데 〈리**코**-딩〉이 맞습니다.
- useless는 '유슬레스'가 아니고 〈**유**슬러스〉입니다. less〈(을)레쓰〉가 〈러스〉로 되는 이유는 액센트가 앞에 있어서 뒤쪽의 e가 약한 〈어〉가 되기 때문입니다. endless〈**엔**들러스〉, helpless〈**헬**플러스〉, stainless〈**스테인**(을)리스〉도 같은 형태입니다.
- 목표물이라는 target을 우리는 흔히 '타켓'이라고 하는데 어찌해서 그런 발음이 되었는지 모르겠습니다. 영어로는 〈**타**-깃〉입니다.

위의 단어들을 비교하며 액센트의 위치에 따라 발음이 어떻게 변화하는지 여러 번 연습하고 기억합시다. 처음에는 어색할 수도 있지만 점차 이런 발음이 더 자연스럽고 편하구나 하는 생각이 들 것입니다.

Unit 17   미너럴과 리앨러티 (I 발음)

품질이란 뜻의 quality가 많이 쓰입니다. 흔히 '퀄리티'라고 하는데 액센트가 앞에 있어서 영어로는 〈콸러티〉 또는 〈콸러디〉라고 합니다. 여자 프로 골프인 LPGA에 ANA Inspiration이라는 대회가 있습니다. 이전에 '나비스코 챔피언십'이었다가 2015년에 이름이 바뀌었는데 TV에서 〈인스퍼레이션〉으로 표기를 하기에 놀라웠습니다. '인스피레이션'이 아니고 참으로 드물게 제대로 된 영어 발음이 표기되었다는 얘기이지요. 포인트는 I가 액센트가 없으면 강한 '이'가 아니고 약한 〈어〉로 발음이 되는 것입니다.

> I는 액센트가 있으면 〈아이〉, 또는 〈이〉로 강하게 발음하지만, 액센트가 없는 음절에서는 약한 〈어〉로 발음이 되거나 아예 묵음이 되기도 합니다.

idol〈**아이**돌〉, invite〈인**바이**트〉

image〈**이**미지〉, mineral〈**미**너럴〉, familiar〈풔**밀**리어〉

vital〈**바이**털〉, vitality〈바이**텔**러티〉, vitamin〈**바이**터민/**비**터민〉

miracle〈**미**러클〉, medicine〈**메**디슨〉

gorilla〈거릴라〉, vision〈비전〉

quality〈콸러티/콸러디〉, quantity〈콴터티/콴어디〉
capacity〈커패서티〉, facility〈풔실러티〉
horrible〈호러블〉, terrible〈테러블〉
April〈에이프럴〉, family〈홰멀리〉, gravity〈그래버티〉
feasible〈휘저블〉 - feasibility〈휘저빌러티〉
formal〈훠멀〉 - formality〈훠맬러티〉
possible〈파써블〉 - possibility〈파써빌러티〉
real〈리얼〉 - reality〈리앨러티〉
responsible〈리스판서블〉 - responsibility〈리스판서빌러티〉
qualify〈콸러화이〉 - qualification〈콸러퀴케이션〉
valid〈밸리드〉 - validity〈벌리더티〉

- vitamin을 예전에는 '비타민'이라고 했는데 근래에는 흔히 〈바이터민〉이라고 하는 이유는 미국에 유학이나 어학연수를 다녀온 사람이 많아서 우리 사회에 미국식 영어가 영국식 영어보다 점차 더 많이 통용되고 있기 때문인 것 같습니다. 영국식도 '비타민'은 아니고 〈비터민〉입니다.
- 위에서 real-reality〈리앨러티〉와 같이 일정한 형태로 형용사가 명사로 변화되는 단어가 많으므로 잘 기억하여 발음을 익힙시다. reality에서는 액센트가 a에 있으므로 〈애〉기 되고 바로 뒤의 i는 약음이 되어 '이'가 아니고 가볍게 〈이〉 발음이 됩니다.

- possible은 '포씨블', '파씨블'이 아니라 〈**파**써블〉이고 possibility는 〈파써**빌**러디/티〉입니다. 아래의 유사한 단어를 봅시다.
  - facility〈풔**실**러디〉, utility〈유**틸**러디/유**틸**러티〉
  - ability〈어**빌**러디/티〉, stability〈스터**빌**러디/티〉
  - 이와 같이 가운데 있는 I에 액센트가 있을 경우 앞뒤의 모음은 약음이 되어 발음이 유사한 형태의 typical pattern으로 됩니다.
- 미사일(missile)을 미국인들은 〈미썰〉이라고 합니다.
  - civil〈**씨**블〉, evil〈**이**블〉, fossil〈**화**쓸〉, council〈**카**운슬〉, stencil〈**스**텐슬〉
  - 위에서는 약음부의 i 발음이 생략됩니다. 이는 cancel〈**캔**슬〉, novel〈**나**블〉에서 e 발음이 거의 생략되는 것과 같은 형태입니다.
  - civil〈**씨**블〉은 앞에 액센트가 있지만 civilian〈써**빌**리언〉에서는 두 번째 음절에 액센트가 있어서 앞의 ci가 〈씨〉에서 가벼운 〈써〉로 변합니다.

Unit 18 컬처와 수퍼맨 (U 발음)

U 발음은 혼동되는 것이 많아 처음부터 바르게 익혀야 합니다. culture[kʌltʃə(r)]가 우리말로 〈칼처〉인지 〈컬처〉인지가 좀 분명하지 않지요. 발음기호를 잘 보면 〈ɑ/아〉도 〈ə/어〉도 아닌 v를 거꾸로 쓴 〈ʌ〉가 있는데 이는 약간 중간발음이라고 할 수 있습니다. 우리말에는 없는 발음인데 입을 크게 벌리지 않고 약간만 벌린 상태 그대로 〈아〉라고 발음한다고 보면 됩니다. 쉽게 말하면 어떤 단어는 대개 〈아〉로, 어떤 단어는 〈어〉로 발음하는데 어느 한쪽이 꼭 맞는 것이라기보다는 같은 단어라도 액센트가 있으면 좀 더 강하게 말해서 〈아〉, 액센트가 없으면 약하게 되어 〈어〉가 된다고 할 수 있습니다.

예를 들어 명사 subject〈**싸**브젝트〉는 앞에 강세가 있는데 형용사가 되면 강세의 위치가 달라져 subjective〈써브**젝**티브〉로 sub의 u가 〈아〉에서 〈어〉로 바뀝니다.

U의 발음은 〈아〉〈어〉, 〈우〉〈유〉 또는 〈이〉로 액센트에 따라 여러 가지로 변화합니다.

부정을 뜻하는 prefix un-이 앞에 오면 강조하기 위해 '언'이 아니고 좀 더 강하게 〈안-〉에 가까운 발음이 됩니다.

u 아, u 어

bucket〈바킷/버킷〉, butter〈바러/바터〉
buckle〈바클〉, knuckle〈나클〉
bulb〈벌브〉, brush〈브라시〉, budget〈바짓〉
culture〈컬처〉, drug〈드라그〉, duck〈덕〉, debug〈디-바그〉
consumption〈컨삼프션〉
mustard〈마스터드〉(겨자)
summer〈써머〉, supper〈싸퍼/써퍼〉
subsidy〈싸브시디〉(정부지원금)
subsidiary〈써브씨디에리〉(부수적인)
rubber〈라버〉, running〈러닝〉
multi〈멀티〉, ultimate는〈얼티밋〉, ultra〈얼트라〉
industry〈인더스트리〉, industrial〈인다스트리얼〉
public〈파블릭〉, republic〈리파블릭〉, publish〈파블리시〉
substance〈싸브스턴스〉, substantial〈써브스탠셜〉(본질적인)
underwear〈언더웨어〉, undulation〈안쥴레이션〉

u 우, u 유

bull〈불〉, bullet〈불릿〉, bulletin〈불러틴〉
bush〈부시〉, utility〈유틸러티〉

consume〈컨숨/컨슘〉, consumer〈컨수머/ 컨슈머〉,
unusual〈안,유주얼〉, unknown〈안,노운〉
unanimouis〈유애니머스〉(만장일치의)
union〈유-니언〉, unison〈유니슨〉
urologist〈유랄러지스트〉(비뇨기과의사)
brochure는 〈브로슈어/브로우셔〉
music〈뮤직〉, museum〈뮤지엄〉, attitude〈애티튜드〉
human〈휴먼〉, humor〈휴머〉, humorous〈휴머러스〉
prelude〈프렐류드〉(서곡), turbulence〈터-불런스〉(난기류)
super〈쑤퍼〉, superior〈수피리어〉
suit〈쑤-트〉, suite room〈스위트룸〉
suitable〈수-더블/수-터블〉
solution〈썰루-션〉

- superman은 '슈퍼맨'이 아니고 〈쑤퍼맨〉, supermarket은 '슈퍼마켓'이 아니고 〈쑤퍼마-켓〉입니다.
- 구급차(ambulance)는 '앰브란스'도 '앰블란스'도 아니고 〈앰뷸런스〉로 u 발음이 빠지면 안 됩니다.
- ultra를 흔히 '울트라'라고 발음하는데 〈얼트라〉입니다. 그리고 〈우〉인지 〈유〉인지를 세심하게 살펴보면 각각 발음하기가 좀 더 편하고 자연스러운 쪽으로 자리 잡았다고 할 수 있습니다. 예를 들어 '슈퍼'보다는 〈수퍼〉, '뷸릿'보다는 〈불릿〉이 더 편한 발음입니다.

- **ur〈어〉**: ar, or과 마찬가지 형태로 urban〈어-번〉, urge〈어-지〉처럼 ur은 분명한 〈어〉발음이 됩니다.

u 이

build〈빌드〉, building〈빌딩〉, busy〈비지〉, business〈비즈니스〉처럼 u가 〈이〉로 발음되는 경우도 있습니다.

이제 머릿속에 환하게 불이 들어올 때가 되었습니다. 위에 예를 든 대표적 단어들만 큰 소리로 연습하여 자연스럽게 익히게 되면 이미 진짜 영어 발음의 기본을 상당히 터득한 것입니다. 이제 액센트의 위치와 그에 따른 발음에 일정한 패턴과 규칙이 있음을 알게 됩니다.

워낙 오랜 세월 대충 Konglish 발음을 해온 사람들은 처음에 좀 어색하겠지만 앞으로 쉽게 적응이 되고 자연스럽게 국제적인 영어 발음을 구사하게 될 것입니다. 발음기호를 보지 않아도 액센트의 위치를 생각하고 위에 강조한 **A, E, I, O, U**의 발음에 대한 원칙만 생각하면 거의 맞는 발음을 할 수 있습니다.

그러면 여기서 영어 발음의 핵심인 모음의 발음법을 다시 한 번 정리해 봅니다.

⋯ **A는 액센트가 있으면 〈애〉, 〈에이〉로 강하게 발음**되나 액센트가 없으면 〈어〉, 〈이〉, 〈오〉, 〈으〉로 약하게 발음이 됩니다.

⋯ **O는 액센트가 있으면 〈아〉로 강하게 발음**되나 액센트가 없으면 대개가 〈어〉 또는 〈오우〉, 〈어우〉로 약하게 발음됩니다.

⋯ **E는 액센트가 있으면 〈에〉로 강하게 발음**되나 액센트가 없으면 약하게 〈어〉 또는 〈이〉로 발음이 되거나 아예 묵음이 됩니다.

⋯ **I는 액센트가 있으면 〈아이〉, 또는 〈이〉로 강하게 발음**되나 액센트가 없으면 약한 〈어〉로 발음이 되거나 아예 묵음이 되기도 합니다.

⋯ **U의 발음은 〈아〉〈어〉, 〈우〉〈유〉 또는 〈이〉로 액센트에 따라 여러 가지로 변화합니다.**

Unit 19 후랜스와 스위든(지명과 인명)

해외 업무를 수행하거나 외국 여행을 하자면 많은 외국인들과 만나서 대화를 하기도 하고 현지에서 TV를 보기도 하는데 자연스레 국가의 이름이나 도시 이름, 그리고 남녀의 이름이 등장하게 되지요. 그런데 우리가 알고 있는 나라 이름들이 외국인들이 말하는 영어 발음이 너무 달라서 처음에 못 알아듣고 당황스럽던 경험이 누구에게나 있을 것입니다. 실제로 같은 발음이 거의 없다고 해도 과언이 아닙니다.

📢 지명

우선 잘 아는 나라들과 유명 도시 이름부터 살펴볼까요?
프랑스(France)를 〈후랜스〉라 하고 우리가 '파리'라고 부르는 수도 Paris는 영어로 〈패리스〉라고 합니다(현지어로는 빠리).
스웨덴(Sweden)은 〈스위든〉, 포르투갈(Portugal)은 〈포-츄걸〉, 이스라엘(Israel)은 〈이즈리얼〉이라고 하니 우리가 어려서부터 알고 있던 나라 이름과 달라서 외국인과 서로 통하지 않습니다.

흔히 쓰는 대표적인 국가 이름, 도시 이름들을 정리하니 익혀서 외국인과 대화할 때는 올바른 영어 발음으로 소통하기 바랍니다.

- **A**sia: '아시아'가 아니고 〈**에이**셔〉
- **A**sian: '아시안'이 아니고 〈**에이**션〉
- **A**rab: '아랍'이 아니고 〈**애**럽〉
- **A**rabia: '아라비아'가 아니고 〈어**레이**비아〉
- A**me**rica: '아메리카'가 아니고 〈어**메**리카〉
- A**me**rican: '아메리칸'이 아니고 〈어**메**리컨〉
- **A**frica: '아프리카'가 아니고 〈**애**프리카〉
- Bra**zil**: '브라질'이 아니고 〈브러**질**〉(액센트가 끝에)
- **Ca**nada: '카나다'가 아니고 〈**캐**너다〉
- Ca**na**dian: '카나디안'이 아니고 〈커**네이**디언〉
- **Chi**le: '칠레'가 아니고 〈**칠**리〉
- Cro**a**tia: '크로아티아'가 아니고 〈크로우**에이**샤〉
- Cro**a**tian: '크로아티안'이 아니고 〈크로우**에이**션〉
- **Fin**land: '핀란드'가 아니고 〈**휜**(을)런드〉
- France: '프랑스'가 아니고 〈**후**랜스/**후**란스〉
- French: '프렌치'가 아니고 〈**후**렌치〉
- **Ger**many: '저매니'가 아니고 〈**저**머니〉
- **Is**rael: '이스라엘'이 아니고 〈**이즈**리얼/**이즈**레이얼〉
- **I**taly: '이태리'가 아니고 〈**이**딜리/**이**틸리〉
- I**tal**ian: '이탈리안'이 아니고 〈이**텔**리언〉

- **Ire**land: '아일랜드'가 아니고 〈**아이얼**런드〉 (island〈아일런드〉와 다름)
- **Ja**pan: '재팬'이 아니고 〈**저팬**〉
- **Mal**aysia: '말레이시아'가 아니고 〈**멀레**이시아〉
- **Neth**erlands: '네델란드'가 아니고 〈**네덜**런스〉
- New **Zea**land: '뉴질랜드'가 아니고 〈뉴**질**-런드〉
- **Sing**apore: '싱가폴'이 아니고 〈**씽거포어**〉
- **Pal**estine: '팔레스타인'이 아니고 〈**팰**러스타인〉
- **Per**sian: '페르시안'이 아니고 〈**퍼**-션〉
- **Phil**ippines: '필리핀'이 아니고 〈**휠리핀스**〉
- **Por**tugal〈**포**-츄걸〉, Portuguese〈포츄**기**-스〉
- **Rus**sia: '러시아'보다는 〈**러씨아**〉
- **Ser**via: '쎄르비아'가 아니고 〈**써비아**〉
- **Sc**andinavia: '스칸디나비아'가 아니고 〈**스캔**디**네이**비아〉
- **Swe**den: '스웨덴'이 아니고 〈스**위**든〉
- U**krai**ne: '우크라이나'가 아니고 〈유크**레인**〉
- **U**ruguay: '우루과이'가 아니고〈**유**러궤이/**유**러과이〉
- Vietnam: '베트남'이 아니고 〈**비엣남**〉
- Kurd: '쿠르드'가 아니고 〈**커-드**〉
- United Arab Emirates〈유**나**이딧 **애**럽 **에**미릿스〉
- United States of America: 〈유**나**이딧 스**테**잇스 어브 어**메**리카〉
  - At**lan**ta: '아틀란타'가 아니고 〈어틀**랜**타〉
  - A**las**ka: '알라스카'가 아니고 〈얼**래**스카〉

- **Col**orado: '콜로라도'가 아니고 〈**칼**러라도〉
- **Ha**wa**ii**: '하와이'가 아니고 〈허**와**이〉
- **Ha**wa**ii**an〈허**와**이언〉
- Los **An**geles: '로스앤젤레스가 아니고 〈(을)로스 **앤**절러스〉
- **Pit**tsburgh: '피츠버그'가 아니고 〈**핏**스버-그〉
- Phila**del**phia: '필라델피아'가 아니고 〈휠러**델**피아〉
- **Te**nnessee: '테네시'가 아니고 〈**테**너씨〉

영어 발음법은 이렇게 인명이나 지명이나 어디에도 똑같이 적용이 됩니다. 또한 많은 사람이 관광을 가는 Europe〈유럽/유어럽〉의 나라 이름과 도시 이름은 우리가 알고 있는 미국식 영어 이름과 자국에서 부르는 이름이 또한 다른 경우가 많아서 혼란스럽습니다. 주요 도시들을 예로 들어봅니다.

- Italy〈**이**털리〉(Italia, 이딸리아)의 주요 도시 이름입니다.
    - Rome〈로움〉은 현지어로 Roma〈로마〉
    - Florence〈홀로렌스〉는 현지어로 Firenze〈휘렌체〉
    - Venice〈베니스〉는 현지어로 Venezia〈베네치아〉
    - Milan〈밀란〉은 현지어로 Milano〈밀라노〉
- Amsterdam(암스텔담)을 미국식 영어로는 〈**앰**스터댐〉이라 합니다.
- Swiss는 현지어로 Switzerland〈스**윗**절런드〉입니다.

Germany(Deutschland)의 도시들도 마찬가지로 영어와 현지어가 달라서 여행을 하려면 미리 알아두어야 편리합니다. 유럽에서 자동차 여행을 할 때의 경험인데, Navigator 안내를 American English로 선택했더니 위와 같이 도시마다 Navigator에서 나오는 이름과 현지에서 말하는 이름이 서로 달라서 처음에 알아듣기가 어려웠습니다.

- Rothenburg〈로텐부르크〉는 영어로 〈로텐버그〉
- Heidelberg〈하이델베르크〉는 영어로 〈하이델버그〉
- 우리가 '뮌헨'이라고 부르는 Munchen을 영어로는 〈먼션〉이라고 하고 현지어로는 Munich〈뮤니크〉라고도 하니 헷갈립니다.
- Austria의 Vienna〈비에나〉는 현지어(독일어)로는 Wien〈빈〉입니다.
- Salzburg는 '잘츠부르크'라고 불편하게 발음하지 않고 〈잘스부르크〉라 하고, 영어로는 〈쌀스버-그〉라고도 합니다.
- Russia〈러씨아〉의 Moscow〈마스코우/모스코우〉는 현지어로 Moskva〈모스크바〉, Saint Petersberg〈쎄인트 피터스버그〉는 현지어로는 〈쌍뜨 뻬떼르부르크〉라고 합니다.

📢 인명

이번에는 사람 이름을 살펴볼까요? 어느 나라 사람이든 이름만은 그 나라 발음 그대로 불러 주는 것이 기본적인 예의이고 소통의 시작이겠지요. 그러나 우리는 외국인의 이름도 거의 우리식 콩글리시로 바꾸어 부릅니다. 그러니 외국 영화나 외국 방송을 들으면 우선 사람 이름조차 잘 알아듣지 못하게 됩니다. 대표적인 인명의 우리말과 영어 발음을 비교해 봅니다.

- Mr. Ronald Reagan이 미국 대통령에 당선됐을 때 우리 매스컴에서 그의 이름을 어떻게 표기하느냐 하는 문제가 대두된 적이 있습니다. '로날드 레건'이냐 '로날드 리건'이냐가 이슈였던 것으로 기억됩니다. 그런데 문제는 '로날드'가 콩글리시라는 것입니다. 미국식 영어이니 당연히 〈라널드〉가 되지요. 〈**라널드 레이건**〉이 정확한 미국식 발음이니 우리도 그렇게 표기했어야 합니다.
- Donald는 '도날드'가 아니라 〈**다널드**〉이고, 햄버거 체인 McDonald's를 우리는 '맥도날드'라고 부르지만 미국에서는 〈**맥다널스**〉라고 합니다. 사람 이름은 대부분 앞쪽에 액센트가 있어서 R**o**nald나 D**o**nald나 같은 형태의 발음입니다. 좀 웃기지만 만일 뒤쪽에 강세가 있다면 '러낼드', '더낼드'가 되겠지요. 다시 말해 엉어 말음법상으로 보면 '로닐드'나 '도닐드'는 콩글리시입니다.

- Ford는 포드가 아니고 〈훠-드〉, Mr. Johnson은 영국에서는 〈존슨〉이고 미국에서는 〈잔슨〉입니다.
- Alexander는 '알렉산더'가 아니고 〈**앨리그잰**더〉라고 합니다.
- 미국의 유명배우 Marylin Monroe는 '마릴린 몬로'가 아니고 〈**매**릴린 먼**로**-〉입니다.
- Napoleon은 〈너폴-리언〉이라 하고, 우리가 흔히 '무함마드'라고 하는 Muhammad를 영어로는 〈머**하**매드〉라고 합니다.
- Austria의 작곡가 Schubert를 영어로는 〈슈-벗, 슈-버트〉라고 합니다.
- 성모 마리아는 영어로 Virgin Mary〈버진 메어리〉입니다.

보편적인 **남자 이름**을 좀 들어볼까요?

- Abraham: '아브라함'이 아니고 〈**에이**브러햄〉
- Daniel: '다니엘'이 아니고 〈**대니얼**〉
- Frank: '프랑크'가 아니고 〈후랭크〉
- Ferguson: '퍼거슨'이 아니고 〈훠거슨〉
- Ivan: '이반'이 아니고 〈아이번〉
- Gabriel: '가브리엘'이 아니고 〈**게이**브리얼〉
- Philip: '필립'이 아니고 〈휠립〉

이번에는 **여자 이름**입니다.

- Amanda: '아만다'가 아니고 〈어**맨**다〉
- Donna: '돈나'가 아니고 〈**다**나〉
- Elizabeth: '엘리자베스'가 아니고 〈일**리**저버스〉
- Giselle: '지젤'이 아니고 〈**지**셀〉
- Isabel: '이사벨'이 아니고 〈**이**저벨〉
- Fiona: '피오나'가 아니고 〈**휘**오나〉
- Katherine: '캐더린'이 아니고 〈**캐**서린〉
- Madonna: '마돈나'가 아니고 〈머**다**나〉
- Monica: 〈**마**니카/**모**니카〉

Unit 20 기타 특수한 발음들

이번에는 흔히 쓰이는 단어들 중 발음이 틀리기 쉽고 혼동되는 것들을 정리해 봅니다.

 DR과 TR

- drive는 〈드라이브〉인데 〈즈라이브〉처럼 발음되기도 합니다. driver〈드라이버〉를 '쥬라이버'라고 하라고 강조하는 분들도 있는데 그렇게까지 힘들게 발음하지 않아도 됩니다.
- true는 〈트루〉인데 발음을 해보면 〈츠루〉처럼 하기도 합니다. train은 〈트레인〉 또는 〈츠레인〉, trailer는 〈트레일러/츠레일러〉입니다. '츄레라'가 아닙니다.
- country는 〈칸트리〉보다 〈칸츠리〉에 가깝고, century는 '센트리'보다는 〈센츠리〉, central은 〈센츠럴/센트럴〉입니다. '센츄리', '센츄럴'로 너무 힘들게 발음할 필요는 없습니다.
- '트레인'이 통하지 않는 것도 아니고 반드시 '츠레인'으로 발음해야 하는 것도 아니지만, 이처럼 dr, tr 발음이 변하는 것은 특히

미국식 영어 발음의 보편적 관행입니다.

📢 TURE

- nature⟨네이처⟩, **na**tural⟨**내**츠럴⟩('내츄랄'이 아님)
- **cap**ture⟨**캡**처⟩, culture⟨컬처/칼처⟩, **cul**tural⟨**컬**처럴⟩
- creature⟨크리-처⟩, lecture⟨(을)렉처⟩
- feature⟨휘-처⟩, future⟨휴처⟩, furniture⟨훠니쳐⟩
- overture⟨**오**버처⟩(서곡), texture⟨텍스처⟩
- ma**ture**⟨머**츄어**⟩, mixture⟨믹스처⟩
- **tem**perature⟨**템**퍼러처⟩, ex**pen**diture⟨익스**펜**디처⟩
- picture⟨픽처⟩, puncture⟨**팡**크처⟩, prema**ture**⟨프리머**츄어**⟩
- **ven**ture⟨**벤**처⟩, ad**ven**ture⟨어드**벤**처⟩
- **scul**pture⟨**스컬**프처⟩(조각)

📢 ARY, -ERY

- **dic**tionary⟨**딕**션에리⟩
- **mi**litary⟨**밀**러테리⟩
- **or**dinary⟨**오**든에리⟩
- re**vo**lutionary⟨레**벌**루션에리⟩

- **san**itary〈쎄너테리〉
- **se**condary〈쎄컨데리〉
- **stat**ionary〈스테이션에리〉
- **subs**idiary〈써브씨디에리〉
- **tem**porary〈템퍼레리〉
- extra**or**dinary〈엑스트로드네리〉
- vo**ca**bulary〈버캐불레리〉
- **stat**ionery〈스테이션어리〉
- ma**chi**nery〈머쉰어리〉
- **mis**tery/mystery〈미스터리〉
- **que**ry〈퀘어리〉
- dis**co**very〈디스카버리〉, de**li**very〈딜리버리〉('데리바리'는 일본식 발음)

위와 같이 -ary, -ery로 끝나는 조금 긴 단어들이 많은데 발음을 잘 보면 **-ary로 끝나면 〈-에리〉, -ery로 끝나면 〈-어리〉**가 되어 구분이 되니 발음을 잘 기억하면 spelling도 틀리지 않습니다.

- **com**plimen**ta**ry〈캄플러멘트리〉처럼 긴 단어는 뒤쪽의 발음이 약화되어 〈-트리〉가 됩니다. 우선 시험에도 잘 나오는 spelling을 기억해야 하는데 처음부터 명확한 발음으로 기억해야 spelling도 혼동이 되지 않습니다.
- stationary(정적인)와 stationery(문구류)는 spelling이 비슷하여

시험에도 잘 나오는데 letter를 쓰는 paper가 stationery라고 기억하면 잊지 않게 됩니다.

📢 소리를 내지 않는(soundless) 자음들

almond〈아먼드〉를 '알몬드', salmon〈쌔먼〉(연어)을 '쌀몬'이라고 잘못 발음하는 사람이 많습니다. 묵음이 되는 자음 때문에 헷갈리지요. 아래 단어들을 보면 소리를 내지 않는 자음(진하게 **bold** 처리)이 불규칙적으로 있는데 발음을 틀리는 수가 많으니 잘 기억해야 합니다.

- dou**b**t, de**b**t, sub**t**le〈싸틀〉
- bom**b**〈밤〉, lam**b**, dum**b**, thum**b**, autum**n**
- a**l**mond〈아먼드〉, sa**l**mon〈쌔먼〉, ba**l**m〈밤〉
- cha**l**k〈초-크〉, ta**l**k〈토-크〉
- **k**nee, **k**neel, **k**nife, **k**now, **k**nowledge〈날리지〉
- **k**nock, **k**nuckle〈나클〉
- **h**onor〈아너/오너〉, **h**onest〈아니스트〉
- is**l**and〈아일런드〉 Ire**l**and〈아이얼런드〉
  - Iceland〈아이슬런드〉와는 다른 발음입니다.
- cas**t**le〈캐슬/가슬〉, fas**t**en, lis**t**en
- mor**t**gage〈모기지〉, **m**nemonic〈니마닉〉(기억술)

- iron〈아이언〉, environment〈인**바이**언먼트/인바이런먼트〉
- pseudo〈**수**더우〉(가짜의)
- psycho〈싸이코〉, psychology〈싸이**칼**러지〉
- psychological〈싸이컬**라**-지클〉
- p**sy**chiatrist〈싸이**카이**어트리스트〉(정신과의사)
- p**n**eumatic〈**누매딕/뉴매틱**〉(공기의)
- Simpson〈씸슨〉, Thompson〈탐슨〉, Palmer〈파-머〉

우리 한글은 발음은 하지 않는 경우가 절대로 없는데 영어는 참으로 복잡하지요. 이런 무성음은 stop을 '스타프'가 아니고 〈스탑〉이라고 할 때 받침이 되는 p를 무성음이라 하는 것과는 다릅니다. 아예 없는 문자처럼 소리를 내지 않는 것입니다.

사실상 영어의 spelling은 너무 복잡하여 본토박이들도 헷갈리고 어렵기는 우리와 마찬가지입니다. 시험에 단골로 잘 나오는 단어들을 따로따로 기억하기보다는 이렇게 모아서 한꺼번에 기억하는 것이 효과적입니다.

📢 Others

이번에는 우리가 흔히 발음을 혼동하기 쉽고 많은 분들이 정확한 발음을 하지 못하는 단어들을 정리해 봅니다.

⋯ exit〈**엑싯**〉, exhibit〈**엑**시빗/이그**지**빗〉, exhibition〈**엑**서**비션**〉
⋯ execute〈**엑**시큐트〉, execution〈**엑**시큐션〉
⋯ executive〈이그**제큐**티브〉 - '엑시큐티브'가 아닙니다.
⋯ genome은 '게놈'이 아니라 〈**지**노움〉이고,
⋯ genuine〈**제뉴**인〉(천재), gynecology〈**가이니칼**러지〉
(부인과 의학)도 좀 어려운 발음입니다.
⋯ geology〈**지알**러지〉, geography〈**지아**그러피〉도 주의할
발음이지요.

- oxygen, hydrogen을 흔히 '옥시겐', '하이드로겐'이라고 하는데 영어로 〈**악**시전〉, 〈**하**이드러전〉입니다. 산소 마스크는 oxygen mask〈**악**시전 **매**스크〉라고 합니다.

- 유사한 발음으로 스위스의 Geneva〈저**니**바〉, ginger〈**진**저〉(생강), giraffe〈저**래**프〉(기린), gipsy〈**집**시〉, fragile〈후**래**즐/후**래**자일〉(깨지기 쉬운) 등이 있습니다.

- xylophone은 '실로폰'이 아니고 〈**자**일러폰〉이라고 합니다.

- heard〈허-드〉를 연상해서인지 heart〈**하**-트〉를 '허-트'라고 가르치는 TV 강의가 있던데 hurt〈허-트〉는 전혀 다른 말입니다.

- 또 하나 특이한 발음으로 headlight〈**헤**들라이트〉를 '헤드라이트'도 아니고 '헷드라이트'라고 하는 분들이 많은데 head를 어찌해서 '헷드'라고 발음하는지 이상한 일입니다.

- 멕시코 음식 tortilla〈토르티아〉는 현지어로는 〈또띠야〉, quesadilla는 〈케사디아〉라고 합니다. 이는 스페인어이기 때문에

독특한 발음이지요. 스페인의 Sevilla〈쎄빌라〉는 현지어로는 〈쎄비야〉라고 합니다.

- 또한 독특한 발음으로 ballet, buffet, bouquet, 이런 단어는 끝의 t 발음이 나지 않는데 불어로는 〈발레〉, 〈뷔페〉, 〈부케〉이고 영어로는 조금 달라서 〈밸레이/발렛〉, 〈버페이/부페이〉, 〈버케이/부케이〉라고 하는 것을 기억해야 합니다. 우리나라에서는 불어로 자리 잡았나 봅니다.
- cafe는 영어로 〈캐페이〉라고 합니다.
- 〈스프링〉(spring)을 스쁘링, 〈스트라이크〉(strike)를 '스뜨라이크' - 이렇게 sp, st를 된소리로 해야 한다고 주장하는 분들이 있는데, 그냥 〈스프링〉, 〈스트라이크〉로 편하게 발음해도 국제적인 소통에 문제가 없습니다. 일부러 된소리를 하지 않아도 저절로 약간 된소리가 난다고 보면 됩니다.
- good morning을 '굿모닝'이 아니고 〈굳모닝〉이라고 강조하는 선생님들이 있는데 good이 〈굳〉이지 '굿'은 아닙니다. 단, 우리말 '우-'처럼 입술을 앞으로 쑥 내밀고 하는 것이 아니고 그냥 입술을 약간 벌린 채로 〈굳〉이라고 발음하면 됩니다.

아래는 끝부분이 비슷하지만 독특해서 헷갈리는 -tain, -tein, -tian, -tion 발음입니다.

- captain〈**캡**틴〉, protein〈프로**우**틴〉(단백질)
- pertain〈퍼**테인**〉, per**tain**ing〈퍼**테이닝**〉(관련된)
- **Chri**stian〈**크리**스천〉, Croatian〈크로우**에이**션〉(크로아티안)
- **que**stion〈**퀘**스천〉(질문), combustion〈컴**바**스천〉(연소)
- congestion〈컨**제**스천〉(혼잡)

 # Unit 21 미국식 영어와 영국식 영어의 차이

영어는 본래 영국의 언어인데 영국인이라고 다 정통 영어를 구사하는 것도 아닙니다. English란 영국(UK, United Kingdom of Great Britain: 대영제국)에서도 중심이 되는 England<**잉**글런드> 지방의 표준어입니다. 어느 나라나 교육과 매스컴의 영향으로 언어가 표준화되고 있는 것은 사실이지만 영국도 Scotland<스캇(을)런드/스콧(을)런드>(정확한 발음은 '스캇틀런드'가 아니고 Scot-land처럼 됨), Wales<웨일스>, 그리고 Ireland<**아이얼**런드> 사람들 간에 발음과 억양 차이가 있습니다. 특히 나이 든 분들은 더 뚜렷합니다. 그러니 신생국 미국으로 건너가 전 세계에서 모여든 이민자들이 사용하는 대륙전체의 영어가 똑같을 수는 없겠지요. 우리말도 진짜 지방 사투리는 우리끼리도 잘 알아듣지 못하는 것과 마찬가지입니다.

그러니 조금 머리가 아프지만 미국식 영어(American English)와 영국식 영어(British English)에 대해 전반적으로 이해를 할 필요가 있습니다. 왜냐하면 발음이나 철자법(spelling)에서 서로 다른 것이 꽤나 많기 때문입니다.

동남아, 중동, 아프리카, 호주 등 무역이나 건설 산업에서 우리가 상대하는 나라 중에는 아직도 영국식 영어를 쓰는 사람들이 많지만, 전 세계적으로 미국과의 교류가 더욱 활발해지다 보니 점차 미국식 영어가 보편화되고 있다고 할 수 있습니다. 또한 어느 나라에서든 미국으로 가장 많은 학생들이 유학을 가고 본국에 와서 국가와 사회를 이끌어가니, 앞으로도 더욱더 미국식영어가 세계를 지배하게 될 것 같습니다.

그러나 꼭 미국에 가서 살 사람이 아니라면 미국식 영어만 알아서는 안 됩니다. 정통 영어가 미국에서는 좀 더 실용적으로 진화하고 있다고 할 수 있지만, 그렇다고 영국식 영어는 마치 촌사람이 하는 것처럼 취급하는 것은 하나만 알고 둘은 모르는 것입니다.

미국인들을 잘 보면 동부 지역, 특히 교육을 많이 받은 지도자 계층일수록 발음이 명확한 영국식 영어와 더 가깝다는 것을 주목할 필요가 있습니다. 미국의 인터넷 사이트 TED.com에서는 세계적인 명사와 지식인들이 다양한 주제로 강연을 하는데 이를 보면 이해할 수 있습니다. 또한 미국 방송 CNN과 영국 방송 BBC를 자주 보면 그 차이를 알 수 있습니다. 어쨌든 현실적으로 영국식 영어보다는 미국식 영어가 점차 Global Language로 사용되고 있습니다. 그러니 발음과 spelling 등 미국식 영어의 특징을 좀 더 중시하고 알 필요가 있습니다.

필자는 직장 생활 초기 십여 년 중 전반은 주로 미국인들과, 후반은 영국인들과 함께 일하다 보니 자연스레 미국식 영어와 영국식 영어의 차이를 터득하게 되었습니다. 30대 중반에 미국 최고의 건설회사인 Bechtel〈벡텔〉의 해외 건설 현장에서 수백 명의 미국인, 영국인 Staff들, 그밖에도 세계 각지에서 온 Vendor(기자재 공급업체) Supervisor들과 어울려 일하며 캠프에서 생활을 하였습니다. 서양인들은 나이 차이가 많아도 서로 이름을 부르고 격의 없이 친구처럼 지내서 많은 서양인들과 사귀게 되었는데, 미국인・영국인간에도 발음의 차이가 많고 특히 Scotland 같은 지방 출신 시니어들은 발음과 억양이 너무 달라서 처음에는 알아듣기가 무척 어려웠습니다.

미국식 발음의 특징들은 사전의 발음기호로는 잘 알 수 없지만 실제로는 거의 보편적입니다. 필자도 익숙해지는 데 어려움이 많았던 부분인데, 영어를 일상적으로 쓰게 되면 점점 미국식 발음이 오히려 부드럽고 편하게 느껴질 수도 있습니다. 그러나 이런 미국식 발음을 잘 알아듣지 못하는 제3국인과 대화 시에는 상대를 존중해서 분명한 영국식 발음을 하는 것이 좋습니다.

영어에서 어느 쪽이든 틀린 것은 아니나 가능하면 상대에 따라 미국식과 영국식을 구분해 써야 바른 소통이 됩니다. 인도, 파키스탄, 호주, 뉴질랜드 등 영연방 국가는 영국식 영어를 쓰고 영국과 가까운 유럽에서도 대체로 영국식 영어를 씁니다. 영어도 어려운데 어떻게 미국식, 영국식까지 구분하느냐고 생각할 수도 있지만, 한꺼번에 터득을 하면 쉽게 이해하고 기억할 수 있습니다. 유학을 가거나 실무적으로 해외 업무를 하는 분들은 상대 국가에 따라 이를 구분하고 사용해야 상대방과 원활한 소통을 할 수 있습니다. 특히 갑이 아니고 을의 입장으로 해외 사업(overseas business)을 한다면 반드시 상대방을 존중하여 그에 맞는 영어를 써야 합니다. 이런 이유로 꼭 알아두어야 할 대표적인 미국식 영어의 특징을 알기 쉽게 정리해 보겠습니다.

📢 모음 중 특히 A와 O의 발음

Tom을 미국에서는 〈탐〉이라 하는데 영국에서는 〈톰〉이라고 하고, nonstop을 미국에서는 〈난스탑〉이고 영국에서는 〈논스톱〉이라고 합니다. past를 미국에서는 〈패스트〉, 영국에서는 〈파스트〉라 하고, chance를 미국인은 〈챈-스〉, 영국인은 〈찬-스〉라고 합니다. 이렇게 A를 영국에서는 〈아〉, 미국에서는 〈애〉로 발음하고, O를 영국에서는 〈오〉, 미국에서는 〈아〉로 발음하는 경향이 있음은 앞에서 설명한 바와 같습니다. 모든 단어가 그런 것은 아니고 일부가 그렇다는 것입니다.

물론 영국식 영어가 원조이고 짧은 역사의 이민국인 미국식 영어가 버전이지만 미국식이 발음하기 편한 쪽으로 꾸준히 진화되고 있다고 할 수 있습니다. 이외에도 모음의 발음이 조금씩 차이가 나는 단어는 무척 많지만 이느 쪽이나 서로가 통하지 않을 정도는 아닙니다. 한국식 영어 사투리 콩글리시와는 근본적으로 다른 얘기이지요.

📢 모음과 모음 사이의 t를 d나 r로 약하게 발음

미국에서는 파티(party)를 〈파디〉 또는 〈파리〉, 워터(water)를 〈워리〉, 컴퓨터(computer)를 〈컴퓨더〉 또는 〈컴퓨러〉라고 발음합니다.

또한 미국인들은 beauty〈뷰디〉, majority〈머조러디〉처럼 끝에 오는 -ty를 〈티〉가 아니고 〈디〉로 발음합니다.

위와 같이 미국인들은 모음과 모음 사이의 t를 d 또는 r 처럼 부드럽게 발음합니다. 그러나 영국인은 〈컴퓨터〉라고 정통적인 발음을 하지요.

- total은 〈토덜, 토럴〉, totally는 〈토덜리, 토럴리〉, certainly는 〈써튼리〉보다 〈써든리〉로 발음합니다. 이는 거의 일반화된 미국식 발음입니다.
- riding이나 writing이나 미국인들은 똑같이 〈라이딩〉이라고 하고 letter를 〈(을)레더〉, bottom은 〈바텀〉이 아니고 〈바덤〉라고 합니다.
- little을 〈(을)리틀〉이 아니고 〈(을)리들〉이라고 하고, bottle을 〈바들〉, settle을 〈쎄들〉, title은 〈타이들〉이라고 합니다.
- 우리가 '비틀즈'라고 부르는 Beatles를 〈비들스〉라고 부르지요.
- automatic을 영국인은 〈오터매틱〉이라 하지만 미국인은 이런 관행 때문에 〈오러매릭〉이라고 합니다.
- 〈애머처 갈퍼〉가 무슨 말일까요? 그럼 〈아마츄어 골퍼〉는? 이것

은 amateur golfer를 미국인이 말하는 것과 우리가 말하는 것입니다. 물론 미국인들도 〈애머터 골퍼〉, 〈애머더 갈퍼〉 등 사람마다 조금씩 발음이 다릅니다. 명확히는 '갈퍼'가 아니고 〈갈훠〉가 되지요.

- 뉴욕에 battery park가 있는데 그들은 〈배더리팍/배러리팍〉이라고 부릅니다.
- 미국 북서부 도시 Seattle에 갔더니 우리가 〈씨애틀〉이라 부르는 그 도시를 그곳 사람들은 〈씨애를〉이라고 부르더군요.

📢 n 다음에 t 발음을 생략

미국인들은 쎈터(center)를 〈쎄너〉, 카운티(county)를 〈카우니〉, 젠틀먼(gentleman)을 〈제늘먼〉이라고 하고, 퍼센티지(percentage)를 〈퍼세니지〉라고 합니다.

counterpart〈카우너파-트〉, internet〈**이**너넷〉, international〈이너**내**셔널〉, advantage〈어드**배**니지〉, ap**po**intment〈어**포**인먼트〉 - 이렇게 n 다음에 오는 t 발음을 대부분 생략합니다.

- Santa Claus는 '싼타크로스'가 아니고 〈쌔너클로-스/쌘터클로-스〉라고 합니다. '쎈터'나 '인터넷'이 틀린 것도 아니고 통하지 않는 것도 아니지만 일반적인 관행이며 특히 미국식 영어에서 더 그렇다고 할 수 있습니다.

- contents〈칸텐스〉도 n 다음에 t 발음이 생략된 발음입니다. n 다음에 t 를 생략하다 보니 I can이나 I can't나 반대의 뜻인데도 거의 양쪽 다 〈아이 캔〉처럼 발음하기 때문에 느낌으로 알아들을 수밖에 없습니다.
- recently〈리슨(을)리〉, apparently〈어패런(을)리〉, currently〈커런(을)리〉, frequently〈후리퀀(을)리〉도 보편적 발음(특히 미국식)으로 '리슨틀리', '어패런틀리'라고 하지 않습니다. 이런 현상은 What kind of〈왓 카이너〉처럼 문장 속에서도 마찬가지입니다('Unit 22 연음법이란?' 참조).
- twenty, thirty, forty, seventy, ninety를 영국인은 〈퉨티, 써티, 훠티, 쎄븐티, 나인티〉라고 분명히 발음하지만, 미국인은 〈퉤니, 써리, 훠리, 쎄브니, 나이니〉라고 부드럽게 발음합니다.
- 한 가지, 숫자 중에 fifty〈휘프티〉와 fifteen〈휘프**틴**〉을 비슷한 억양으로 말해서 외국인이 잘못 알아듣는 수가 많은데 fifteen은 뒤쪽의 teen을 강하게 발음하여 명확히 합니다.

📢 n 다음에 d 발음을 생략

위와 유사한 발음법입니다. 이 부분만은 영국식 발음도 마찬가지입니다.

- grandfather는 '그랜드화더'가 아니고 〈그랜화더〉, grandmoth-

er는 〈그랜마더〉, grandson는 〈그랜싼〉입니다.
- sandwich는 '쌘드위치'가 아니고 〈쌘위치〉, friendship은 '후렌드십'이 아니고 〈후렌십〉이라 합니다.
- handbag은 〈핸배그〉라고 하는데 우리는 왜 '핸드빽'이라고 강하게 발음하는지 모르겠습니다.
- Netherlands는 '네델란드'가 아니고 〈**네**덜런스〉라고 부릅니다.
- amendment는 〈어**멘**먼트〉라고 하고, landscape은 〈(을)랜스케잎〉이라고 발음합니다.

📢 Glottal Stop

조금 어려운 단계인데, glottal stop〈글라털 스탑〉이라고 하는 특별한 발음이 있습니다. button〈**받**,-은〉, eaten〈**잍**,-은〉, threaten〈스**렏**,-은〉은 앞뒤 syllable 사이 중간에 잠시 숨을 멈추는 듯한 발음을 하는 것입니다. 영국식영어로는 그냥 '바튼', '이튼', '스레튼'입니다.

유사한 예를 좀 더 들겠습니다. 이는 미국식 영어가 아니고 표준영어 발음입니다. All right은 〈오라잇〉도 아니고 〈올나잇〉도 아니고 〈올-,라잇〉으로 '올'과 '라잇'을 분명히 구분해서 발음해야 합니다.

- complete〈컴플리-트〉 - completely〈컴플,(을)리〉('컴플리-틀리'가 아님)
- definite〈데피닛〉 - definitely〈데피,(을)리〉(분명히)
- absolute〈앱설루트〉 - absolutely〈앱설,(을)리〉(절대적으로)
- immediate〈이미디엇〉 - immediately〈이미디,(을)리〉(즉시)
- rest〈레스트〉 - restless〈레,(을)러스〉('레스틀리스'가 아님)

이러한 typical pattern을 연습하여 익숙해져야 세련된 영어 발음에 가까워집니다.

기왕 미국식 영어와 영국식 영어의 특징을 얘기했으니 발음 이외에도 몇 가지 중요한 차이점을 아래에 설명합니다.

📣 Date 표기

기본적 상식이지만 중요한 것으로, 날짜 표기를 미국식은 **September 15, 2014**, 영국식은 **15 September 2014**로 합니다. 여기서 punctuation〈팡츄에이션〉에 주의해야 합니다. 즉, comma〈카머〉를 아무데나 찍지 말고 반드시 위와 같이 해야 하며, 나라별로 거래 상대방이 쓰는 형식을 따르는 것이 기본입니다. 동양식을 예로 들어 '2013년 15일 9월'이라고 쓴다면 헷갈리지 않겠습니까?

📢 Spelling

영국에서의 labour, favour, catalogue를 미국에서는 labor, favor, catalog〈캐덜로그〉로 씁니다. 영국의 centre, metre, theatre를 미국에서는 center, meter, theater〈씨어터〉로 쓰는데 이런 단어들은 미국에서 합리적으로 바뀌었다고 보면 됩니다. 발음은 같습니다.

우리를 헷갈리게 하는 특별한 단어들이 있는데 maximise, minimise, organise, organisation, recognise 등은 본래 영국식 표기로 지금은 미국식의 maximize〈맥시마이스〉, minimize, organize, organization, recognize가 보편적으로 쓰이고 있습니다. 발음은 양쪽 다 Z가 아니고 S로 거의 같습니다.

📢 문서 작성의 ABC

문서 작성에 대해서 말하자면, 영국인은 매우 형식적인 데 반해 미국인은 대체로 실용적이고 간편함을 추구하는 편입니다. 미국식 사고로 영어의 ABC는 Accuracy, Brevity, Clarity(accurate, brief, clear)라는 말이 있습니다. 정확하고, 간략하고, 분명하게, 다시 말하면 너무 상세하고 장황하게 쓰지 말라는 뜻입니다.

반면 영국인들은 무슨 문서든 상세하고 구체적으로 또한 최고 수준의 어려운 단어를 쓰려는 보수적 경향이 있습니다. 회의록을

써도 미국인은 요약하는 식으로 쓰기도 하나, 영국인들은 개개인이 한 말을 거의 속기록 쓰듯이 빠짐없이 기록합니다.

　영국에 가서 택시를 타 보면 요금 체계가 무척 복잡합니다. 몇 사람이 타는지, 짐이 몇 개인지, 평일인지, 휴일인지, 심야인지 또는 holiday 등등 아주 세분해서 요금표가 적혀있습니다. 오랜 문명 생활에 바탕을 둔 이런 구체적 사고가 문서 작성에서도 나타난다고 할 수 있습니다. 요즘 같은 초고속 시대에는 어쩌면 미국식 사고가 앞서가는 것 같습니다. 아무튼 직업상 외국과의 거래를 하는 경우에는 문서 작성 시 이런 차이를 이해해야 합니다.

Unit 22 연음법이란?

우리가 본토박이들의 영어를 알아듣기 어려운 이유 중 하나는 영어로 말하는 것이 우리말에 비해 무척 빠르기 때문인데, 게다가 우리는 대부분 다른 발음으로 알고 있으니 더 어려울 수밖에 없습니다. 그런데 또 다른 문제는 영어는 연음법이라고 하는 관행적인 발음법이 있어 더욱 더 빠르게 말을 하는 것입니다.

이제부터 Liaison<(을)리에이전/(을)리어전>이라고 하는 연음법에 대해 살펴보기로 합니다. 새로운 방법도 아니고 어느 정도는 이해를 하고 있으리라 여겨서 기본적인 것만 설명합니다.

우리말에 '자음접변'이라는 것이 있습니다. 예를 들면 '앞으로'란 말은 정확히 '앞-으-로'이지만 붙여서 말하면 <아프로>가 되고 '신라'는 <실라>로, '울음소리'는 <우름쏘리>로 발음이 됩니다. 크게 신경 쓰지 않고도 그냥 발음이 그렇게 되는 것입니다.

영어도 이와 마찬가지신인데 영어 자체가 워낙에 발음이 불투명하고 또 우리보다 말하는 속도가 무척 빨라서 연음이 더 많고 익숙해질 때까지 알아듣기가 쉽지 않습니다.

기본적으로는 앞에서 정리한 모든 영이 발음이 우선 중요하고, 이를 바탕으로 이전에 잘못 읽고 있던 콩글리시를 정통적인 영어 발음으로 바꾸고 나면 외국인과 대화를 하든지 외국 영화를 보든지 훨씬 더 잘 들리며 내가 말하는 것을 상대가 잘 알아듣게 될 것입니다. 그러므로 연음법이란 자연스레 터득하게 되는 것이라고 할 수 있습니다.

연음법을 중심으로 미국인의 발음을 무작정 따라 하라고 가르치는 교재들도 있는데 기본적인 영어 발음법을 잘 모르는 상태에서는 효율적이지 못할 것입니다.

이제 흔히 쓰이는 연음법의 예를 들어봅니다. Take it easy(편하게 해, 천천히 해)는 '테이크 잇 이지'이지만 빨리 하면 〈테이킽 이지〉로 됩니다, 그러나 다시 모음과 모음 사이의 t를 r로 발음하는 미국식 발음 현상으로 인해 〈테이키리지〉처럼 발음이 됩니다.

- ⋯ pick it up은 '피크 잇 엎'이 〈피키럽〉
- ⋯ half an hour는 '해프 언 아우어'인데 빨리 말하면 〈해퍼나워〉
- ⋯ a lot of money는 '얼 랏 어브 마니'인데 〈얼라러마니〉가 되지요.
- ⋯ Think about it은 "씽크 어바웃 잇'이 〈씽커바우릿〉
- ⋯ What about this one?은 '왙 어바웃 디스 완'이 〈와러바웃 디스완〉
- ⋯ What is it?은 '왓 이스 잇'이 〈와리스잇〉
- ⋯ Don't you like it?은 '돈트 유 (을)라이크 잇'이 〈돈츌라이킷〉
- ⋯ Have you got a minute?는 '해브 유 같 어 미닡?'이지만 〈해뷰가러미닛?〉처럼 됩니다.
- ⋯ Wait a minute은 〈웨이러미닛〉

- bread and butter는 〈브레든 바러〉
- sick and tired of it는 〈씨캔 타이어드 어브잇〉

아래의 구문은 아예 연음법으로 외워서 각각 한 단어처럼 습관화해서 써야 영어가 쉬워집니다.

- did you: 〈디쥬〉
- could you: 〈쿠쥬〉
- won't you: 〈원츄〉
- would you: 〈우쥬〉, would you like: 〈우쥴라이크〉
- would have: 〈우더브〉, should have: 〈슈더브〉
- would have been: 〈우더브빈〉
- should have been: 〈슈더브빈〉
- wouldn't have been: 〈우드너브빈〉
- shouldn't have been: 〈슈드너브빈〉
- What kind of: 〈왓 카이너〉
- What shall I do?: 〈왓 셔라이 두〉
- You should have seen the movie: 〈유 슈더브씬 더무비〉

- What are you gonna do today? 여기서 gonna〈거나〉는 going to (~하려고 한다)의 연음법이 아니고 약이인데 아주 흔히 쓰는 말입니다. want to를 wanna〈와너〉라고 하는 것도 같습니다.

- Have you got a minute?〈해뷰가러미닛?〉(시간 좀 있어요?) 여기서 have got은 have(가지다)와 같은 의미로 미국인들이 흔히 쓰는 말입니다.
- got to를 gotta〈가터, 가러〉라고 하는 말은 미국식 영어로 표준 영어는 아닙니다. 이는 have to(~해야 한다)와 같은 말인데 have got to라고도 합니다. I have got to do it〈아이브가러두잇〉. 공식적이고 품위 있는 비즈니스 영어에서는 이런 식의 표현은 바람직하지 않습니다. 그러나 늘 시간에 쫓기는 건설 현장에서는 이렇게 약식 영어가 더 보편적입니다.

이제 연음법에 대해 이해가 되셨나요? 이런 기본적인 형태를 이해한 다음에 외국어 방송이든 TED 강연이든 자주 듣고 따라하게 되면 원어민처럼 영어를 하게 됩니다.

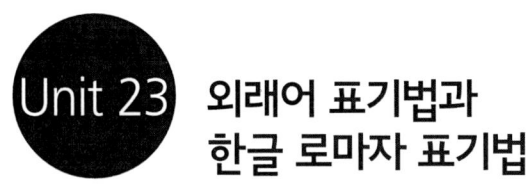

Unit 23 외래어 표기법과 한글 로마자 표기법

여기서 한번 이해하고 넘어가야 할 것이 '외래어 표기법'과 '한글 로마자 표기법'입니다. 정부가 주도하여 만들어진 이러한 표기법이 은연중에 우리 국민들이 알파벳을 그대로 발음기호로 착각하게 만든다는 생각이 들기 때문입니다.

외국어를 우리 한글로 정확하게 표기하는 데는 사실상 어느 정도 한계가 있다는 것은 이해가 됩니다. 그러나 F나 P나 똑같이 〈ㅍ〉, L이나 R이나 똑같이 〈ㄹ〉 이렇게 표기하라고 정해 놓은 것은 대한민국의 영어가 Konglish로 지칭이 될 만큼 독특한 영어 사투리로 자리 잡게 오도하였으며, 국제적으로 소통이 되는 영어를 위해서는 누구나 새롭게 공부를 하지 않으면 안 되게 되었습니다. 이런 의미에서 외래어 표기법은 새롭게, 좀 더 세부적인 주요 단어별 패턴으로 재정립이 되어야 할 것 같습니다. 아니면 아예 외래어 표기법을 참조로만 하고 이 책에 나온 정도의 단어들만 정통적인 영어 발음으로 표기하여 교과서나 공문서, 그리고 매스컴에서 사용하게 한다면 아마도 대한민국의 영어는 단기간에 정상화되고 영어 교육의 난제도 상당부분 해결될 수 있을 것입니다.

이번에는 '한글 로마자 표기법'을 간단히 살펴보겠습니다. 여기서 로마자란 한글을 외국인을 위한 영어로 나타낸 것을 뜻합니다. 우리 일반인에게는 별로 필요하지 않지만 성명을 영문으로 표기할 때 대부분 이를 따르지요.

이 표기법대로 우리가 인명이나 지명을 표기했을 때 영어를 쓰는 외국인은 상당 부분 다른 발음을 할 수 있음을 이해해야 합니다. 예를 들어 '강남'을 'Gangnam/Kangnam'으로 표기하면 미국인들은 아마도 〈갱넘/캥넘〉이라고 발음하게 될 것입니다. 이런 경우 앨퍼벳을 발음기호(phonetic symbol)로 여기고 발음을 하라고 가르쳐 줄 필요가 있습니다.

서울을 Seoul로 표기하는데 외국인들이 〈쎄울〉이라고 발음하는 것을 들어본 적이 있을 것입니다. 아마도 외국인들은 무의식중에 seven〈쎄븐〉, soul〈쏘울〉을 연상하여 발음을 할 텐데 실제 영어에서 eo가 〈어〉로 발음되는 단어는 없는 것 같습니다. 어떻게 표기해도 외국인들이 우리말처럼 〈서울〉이라고 말하지는 못할 것 같습니다. 영어에는 〈서〉라는 발음이 없으니까요.

또한, 앞에서 보았듯이 S는 sound〈싸운드〉처럼 모음이 따를 때 분명 〈싸〉 발음이 됩니다. 그러나 영어로는 우리말처럼 〈싸〉, 〈따〉, 〈빠〉 같은 된소리를 표현할 방법이 없습니다. 쌍용, 떡볶이 등의 우리말을 ss, dd, bb를 써서 표기해도 영어에 그런 발음이 없으니 이해를 못 하고 우리가 기대하는 것처럼 발음하지를 못하는 것입니다.

근래에 국내 인터넷 영어 방송에서 재미난 발음을 들었습니다. 경기도를 Gyonggi Province라고 썼는데 외국인 어나운서가 '자이**안지**'라고 하더군요. 처음에 이게 무슨 소리인가 했는데 미국식 발음법을 생각해 보니 그렇게 말할 수도 있겠구나 생각이 들더군요. 나침판 compass〈캄퍼스〉를 gyroscope〈자이로스콥〉이라고도 하지요.

그러나 당장 한글 로마자 표기법을 고쳐야 한다는 얘기는 아닙니다. 왜냐하면 영어보다 더 많은 인구가 사용하고 있는 스페인어와 이태리어는 별도의 발음기호 없이 모음을 기준으로 보면 영어의 발음기호처럼 그대로 발음하고, 가까운 동남아 국가 중 영어 앨퍼벳을 쓰는 베트남과 인도네시아 등 영어가 모국어가 아닌 나라 사람들도 영어를 우리처럼 발음하는 경향이 있기 때문에 단순하게 결정할 문제는 아닙니다.

어쨌든 인명이나 지명은 어느 나라든 그 나라에서 하는 발음과 가능한 똑같이 하는 것이 원활한 소통을 위해 바른 방법입니다. 이웃나라 일본은 서울을 〈소우루〉, 중국은 〈셔우얼〉로 표기하는데(얼마 전까지는 한청韓城이라고 했음) 이는 각각 그 나라 말로 가장 가깝게 표기한 것 같습니다. 우리도 상해上海를 샹하이, 동경東京을 도꾜로 각각 그 나라의 발음대로 부르는 것이 글로벌 시대에 맞는 일입니다.

참고로 토쿄는 일본에서 로마자 Tokyo로 표기한 것을(우리가 부산을 Pusan으로 표기하듯이) 그대로 발음한 것인데 본래의 일본어와는 좀 차이가 있습니다. 도요다를 토요타(Toyota)라 하고, 다나까를 타나카(Tanaka)라고 하는 것도 마찬가지이지요.

Appendix A, B

한국인이 꼭 알아야 할 영문 표현

이 장은 한국인이 꼭 알아야 할 아주 기본적인 영문 표현을 정리한 것입니다. 특히 실무적으로 영문 작성을 필요로 하는 사람들을 위해 영문 표현에서 아주 중요하면서도 흔히 범하는 오류를 정리해 보았습니다.

아무리 유창하게 말을 해도 발음이 틀리면 사투리 영어가 되듯이, 영문이 문법적으로는 맞는다 해도 영국인이나 미국인들이 쓰는 영어와 style이 너무 다르면 이 또한 촌스럽고 서투른 영어가 되는 것입니다.

실무적으로 영어를 한다는 것은 읽고 이해하기보다 쓰고 말하는 영어가 더 중심이라고 할 수 있지요. 독해는 상당히 잘하고 말도 유창한데 막상 영작을 한 것을 보면 오류투성이인 사람이 많고, 사실상 이름도 바르게 쓰지 못하는 사람도 흔히 있습니다. 특히 우리는 학교에서 주로 읽고 이해하는 영어와 객관식 시험만을 치러왔기 때문에 영어를 전공으로 하지 않은 사람이 정확하고 세련된 영작을 하기란 쉽지 않고, 오랜 세월 실질적으로 다양한 영어 문서를 작성해 보아야만 제대로 터득이 됩니다.

필자의 경험에 의하면 우리나라뿐 아니라 영어를 공용어로 사용하지 않는 나라 사람들은 거의 마찬가지인 것 같습니다. 말이라는 것은 그냥 흘러 지나가니 좀 틀려도 될지 모르지만 글은 기록으로 남기 때문에 정확하게 쓰도록 주의해야 합니다. 특히 거액의 돈과 직결되는 계약문서 등에서 문법적으로 틀린 문장을 쓴다는 것은 있을 수도 없는 일이나, 실제로 한두 글자의 오류가 심각한 문제를 초래하는 일도 경험하였습니다.

대충 보면 문법에 맞는 것 같아도 정밀하게 살펴보면 맞지 않을 때가 있는데, 예를 들자면 영어에는 우리 한글에는 없는 대소문자의 구분이 있고, 단수와 복수의 구분이 뚜렷하여 복수에는 s를 붙이고, 우리는 약어라 하더라도 period, comma를 찍지 않는데 약어를 무척 많이 쓰는 영어에는 이에 대한 일정한 관행이 있습니다. 또한 앞에 설명했듯이 영국식 영어와 미국식 영어에는 알게 모르게 꽤 많은 차이가 있지요. 국제 업무를 위해서는 적당히 문법만 맞추는 영어가 아니고 미국인이나 영국인이 쓰는 것처럼 제대로 된, 세련된 style의 영어를 써야 합니다.

영문 작성은 단순한 과제가 아니고 사실상 영어의 전부라 해도 과언이 아니기 때문에 몇 페이지의 설명만으로는 미흡합니다. 그러나 국제적 수준의 세련된 영어를 위해 최소한으로 꼭 지켜야 할 이름표기, 날짜, 복수, 약어 등 아주 기본적인 영문 표현들과 일반적 영어 교재에서 잘 다루지 않지만 실제로 영어로 공식적인 문서를 작성할 때마다 부딪치는 꼭 알아야 할 요소들만 정리해 봅니다.

이 부분은 필자가 오랜 기간 영어가 모국어인 외국 회사들과 사업을 수행하며 수없이 많은 공문을 주고받으면서 알게 된 것들, 노한 영어가 모국어가 아닌 다양한 나라의 사람들과 일하면서 그들이 작성한 영문서의 오류를 교정해 나가다 느껴온 것들을 모은 것입니다. 얼른 보면 별것 아닌 것 같지만 특히 한국인들이 오류를 범하기 쉽고 표준화가 필요하다고 생각되는 필수적인 내용만 간추린 것입니다. 영어를 일상적으로 사용하는 사람들도 혹시 그동안 써온 영어에 무의식적인 오류가 있지는 않았는지 이 부분만은 꼭 한 번 정독을 하여 새겨두기 바랍니다.

A1 올바른 성명의 표기

성명의 표기는 간과하기 쉽지만 영어 표기에서 가장 중요한 기본입니다. 외국인과의 소통에서 이름을 바르게 쓰는 것이 무엇보다 중요함에도 불구하고 누구나 따라야 할 표준도 없고 학교에서도 제대로 가르쳐 주지 않습니다. 한국인들이 명함에 새겨진 영문 이름을 보면 제각각 제멋대로 이름을 표기하여 외국인들을 헷갈리게 합니다. 제 이름 제가 쓰고 싶은 대로 쓰면 되지 하고 생각할 수도 있지만, 국제적으로 통용되는 원칙이 있으니 이를 따라야 외국인이 바르게 불러줍니다. 영문 이름은 어차피 외국인을 위한 것이지요.

먼저 우리나라 사람들이 잘못 표기한 사례들을 들어 봅니다. 홍진영이란 이름을 Hong, Jin Young / Hong Jin Young / Jin Young, Hong / Jin Young Hong / J. Y. Hong - 이런 식으로 쓰면 외국인은 성이 홍인지 영인지, 또 이름이 진인지 진영인지 헷갈려서 잘못 부르는 경우가 많습니다. 특히 위와 같이 이름과 성을 구분한다고 사이에 comma를 찍는 분이 의외로 많은데, 지구 상 어느 나라에도 그런 이름 표기는 없습니다. J. Y.처럼 이름 두자를 initial만 쓰는 것도 통상 이름을 부르는 서양인들에게는 이해가 되지 않습니다.

 그럼 바른 표기는 어떤 것일까요? Jin-Young Hong / Jin-young Hong / Jinyoung Hong - 이중에서 첫 번째 표기 'Jin-Young Hong'이 현재 가장 보편적인 것 같습니다. 근래에는 국내 대기업들이 대부분 이 방식을 표준으로 쓰고 있지요. 그런데 한국인의 이름은 어차피 두 글자가 합쳐진 것이고 중간이름은 아니니 **'Jin-young Hong'**이 가장 추천하고 싶은 방식입니다. 이렇게 일정한 방식을 정하여 아예 국가적으로 표준화했으면 좋겠다는 생각이 듭니다.

 서양 사람의 중간이름은 대개 세례명이어서 부르지 않아도 그만인데 한국인의 이름은 일반적으로 처음 두자가 하나의 이름이므로 사이에 hyphen(-)을 붙여주면 외국인이 이름을 〈진영〉이라고 바르게 불러줍니다. 우리와 이름 체계가 같은 중국인들도 대부분 이렇게 씁니다. 그렇지 않으면 동양 문화에 익숙하지 않은 외국인은 〈진〉이라고 첫 자만 부르기 쉽지요. 근래에 중국 TV와 신문 China Daily를 보니 원자바오溫家寶 전 총리를 Wen Jabao로 성을 앞에 두고 이름 두자를 붙여서 쓰고 있습니다. 일본인의 이름은 대부분 성이 두자, 이름이 두자인데 영문으로는 각각 붙여서 씁니다. 예를 들어 田中一郎〈다나까 이찌로〉는 Ichiro Tanaka라고 씁니다.

 단, 외국의 저널이나 매스컴에서는 예외적으로 대통령이나 총리 등 정치인, 유명 인사들의 이름만은 아마도 존중의 의미로 그 나라에서 불리는 대로 표기하는 것이 일반적입니다. 2010년 5월

TIME지에 '세계에서 가장 영향력 있는 100인'으로 선정된 김연아 선수 이름은 Kim Yu-Na로 소개되어 있습니다. 그러나 영어로는 성은 last name이 뜻하는 대로 끝에 표기함이 원칙입니다.

　태국, 베트남 등 동남아 회사들과 일을 하면서 명함을 보면 성을 앞에 쓰는 사람도 있고, 뒤에 쓰는 사람도 있어서 헷갈리게 됩니다. 또 이런 나라들은 같은 성이 너무 많아서 Mr. 또는 Ms.에 성 대신 이름을 붙여 부르기도 하고, 영문 표기와 실제 발음과 차이가 많아서 처음 만날 때 어떻게 불러야 하는지 미리 확인하는 것이 좋습니다. 그래서 처음 보내오는 메일에 자기 이름 끝에 (Ms.)라고 붙인 경우도 있고, 자기는 Mr.가 아니고 Miss라고 친절하게 알려주는 경우도 있습니다. 상대방 이름을 처음 대할 때 남자인지 여자인지 잘 모르면서 무작정 Mr.를 붙이면 큰 실례가 될 수도 있습니다. 남자에게 부인이라고 부르는 꼴이지요. Oxford 사전 뒤쪽에는 보편적인 남녀의 이름이 나와 있어 참고가 됩니다.

　그럼 영문 이름표기에 지켜야 할 규칙들이 무엇인지 다시 정리해 봅니다.

- 이름을 앞에 쓰고 성을 뒤에 쓴다.
- 이름과 성의 첫 자는 대문자를 쓴다.
- 우리말 이름 두 자 사이는 hyphen(-)을 붙인다.
- 이름과 성 사이에 절대로 comma(,)를 찍지 않는다.
- 명함이나 공식 Letter에는 M. D, Hong처럼 약어를 쓰지 않고 full name을 쓴다.

- Letter(공문)에서 상대방 이름 앞에 To 또는 Attention을 쓰지 말 것. 회사 이름이나 사람 이름만으로 충분하다. Attn.은 사람 이름은 모르고 어떤 부서나 직책 담당자가 받기를 원할 때, 또는 어떤 회사로 보내면서 특히 누군가가 보기를 원할 때 쓴다. 이름 앞에 To라고 쓰는 수가 많은데 이는 잘못된 표현이다.
- Letter에 상대방 이름을 쓸 때는 이름 앞에 Mr. Mrs. Miss. Ms.(Miss인지 Mrs인지 모르거나 구분하지 않는 호칭), Messrs(회사 이름 앞에) 등 호칭을 반드시 쓴다. 자신의 이름 앞에는 일반적으로 이런 호칭을 붙이지 않는다. 단, 이름이 특별해서 받는 이가 혼동될 염려가 있을 경우에는(특히 여성) 상대를 위해서 이름 앞에 Miss, Ms.를 붙여주는 것이 좋다.

이름 얘기가 나왔으니 중요한 인사 예법을 좀 살펴봅시다. 외국인을 처음 만났을 때 흔히 쓰는 인사말이 "Nice to meet you" 또는 "Pleased to meet you"라는 것은 누구나 알 것입니다. 우리말로 하자면 "만나서 반갑습니다", "처음 뵙겠습니다"라는 인사말이지요. 여기서 meet라는 말은 상대와 맨 처음 만났을 때만 하는 인사입니다. 매번 만날 때마다 같은 인사를 하는 경우를 보는데 두 번째 만날 때부터는 "Nice to see you" 즉, meet 대신 see라고 합니다.

그리고 "My name is Mr. Jin Young Kim"과 같이 본인 이름 앞에 친절하게 Mr. 혹은 Miss를 붙이는 사람을 흔히 보는데 이는 맞지 않습니다. 그저 "My name is Jin Young Kim"이라고 해야 하는데, 우리말로도 "저는 김진영 씨(양)입니다"라고 하지 않는 것과 마찬가지입니다. 성만 소개하는 사람도 있는데 반드시 full name을 상대가 알아듣기 쉽도록 천천히 또렷하게 소개하는 것이 기본적 예의입니다.

A2 날짜와 숫자의 표기

이번에는 날짜의 표기에 대한 것입니다. 이 또한 기본인데 틀리는 경우가 너무 많습니다. 날짜의 표기는 점차 미국식이 보편화되고 있지만 영국과 영연방 국가, 유럽 국가에서는 영국식이 일반적입니다.

미국식은 September 15, 2015 / Sep. 15, 2015

영국식은 15 September 2015 / 15 Sep. 2015으로 월, 일을 바꿔 씁니다.

국제 업무에서 날짜의 표기는 내 방식이 아니고 상대방의 방식을 따르기를 권합니다. 우리말로 견주어 '2015년 15일 7월'이라고 한다면 얼마나 불편하겠습니까? 15 September, 2015처럼 중간에 comma를 찍는 것을 흔히 보는데 이도 잘못된 것입니다.

잘못 표기된 예

15, Sep. 2015 / 15 Sep., 2015 / 15 September, 2015 / Sep. 15 2015 / Sep. 23th 2015 / september 23, 2015 / Date: 15 Sep. 2015

올바른 날짜 표기의 원칙

- 월(month) 표시는 January와 같이 첫 자를 반드시 대문자로 쓴다.
- 월 표시는 Jan. Feb.와 같이 약어를 써도 좋으나 중요한 공식 문서에서는 약어를 쓰지 않는다. 특히 March, April, May, June, July는 약어를 쓰지 않는 것이 관행이다.
- 문서에서 날짜 앞에 'Date'라고 굳이 표기할 필요가 없다. 우리말에도 2015년 1월 15일이라고 쓰면 그만이지 앞에 그 앞에 '일자'를 붙이지 않는 것과 마찬가지다.
- 1st, 2nd, 23rd, 29th – 이런 서수(ordinal number)형 일자 표기는 error가 많고 불필요하다. 쓰려면 정확히 써야 하는데 어느 날짜나 무작정 th를 붙이는 경우를 흔히 본다.

이번에는 계약서 등 중요한 문서에서 숫자를 문자(in words)로 표기하는 방법을 간략히 제시합니다. 이 또한 매우 중요한 것인데 잘못 쓰기 쉽습니다.

- 249: two hundred forty-nine 또는 two hundred and forty-nine
- 38,724: thirty-eight thousand, seven hundred twenty-four
- 5,675,800: five million, six hundred seventy-five thousand, eight hundred

기왕 Letter 얘기를 했으니 좀 더 알아야 할 것이 있습니다. 개인적인 관계가 아니고 회사 조직의 일원으로 공식적 업무를 하는 경우에는 '너와 나'가 아닌 '귀사와 우리 회사'의 관계로 상대방이나 나나 조직을 대표해서 공문을 주고받는 입장임을 잊지 말아야 합니다. 한국인이 쓴 공문을 보면 I, my, me의 표현을 잘 쓰는데 서양인의 경우 공적으로 일할 때 대부분 We, our, us로 표현하며 이것이 표준입니다. 예를 들면 다음과 같습니다.

- I would like to invite you → We would like to invite you~
- It is my pleasure → It is our pleasure~
- Would you please send me → Would you please send us~

혹시 사업상 외국 회사와 교신을 하고 있는 분은 주고받은 공문을 한번 살펴보기 바랍니다. 이런 형식은 보고서나 회의록(Minutes of Meeting)을 작성하는 데도 마찬가지로 적용됩니다. 특히 Project 수행상 공식문서에서는 I think~, We think~ 하는 식의 주관적 표현보다는 어떤 주제를 중심으로 객관적 표현을 하는 것이 대부분의 경우에 적합합니다.

한 가지 덧붙이자면 요즘은 e-mail에 전자 file을 첨부하는 경우가 많은데, file name을 나만 알도록 간략히 정하지 말고 상대방 입장에서 그대로 저장할 수 있도록 가급적 file name에 부시명(회사명), 작성일자까지 붙여서 명확하게 하는 것을 습관화하기 바랍니다.

A3 대소문자의 구분

 이번에는 영어의 기본인 대소문자의 구분입니다. 직업상 실무적으로 세련된 영어를 쓰려면 대소문자의 구분을 바르게 해야 합니다. 우리말에는 대소문자라는 것이 없기 때문에 쉽게 터득하기 어려운 부분인데, 문법적으로 틀리지는 않았더라도 대소문자의 구분이 잘못되면 바른 영어가 아닙니다.

 영어에서 대문자(Capitals)는 아주 중요한 부분에만 한정적으로 쓰인다는 것을 우선 알아야 합니다. 책의 제목이라든지 특별히 강조해야 할 부분에만 전체적으로 대문자를 쓰고 일반적 소제목에서는 각 단어의 첫 글자만을 대문자로 쓰는 것이 표준입니다. 또한 제목 등 각 단어의 첫 글자를 대문자로 표기할 경우에도 a, the, in, of, to, and 등 관사, 전치사, 접속사 등은 소문자를 쓰는 것이 관행입니다.

- **The Scope of Work and Services for the Project** (제목 예)

 반면, 아래와 같이 일반 문장에서는 첫 글자만 대문자를 쓰는 것이 기본입니다.

- This is the scope of the project - 이런 phrase는 아무리 중요하다 해도 This Is The Scope Of The Project 라고 써서는 안 됩니다.

그런데 우리는 영작에서 대문자를 너무 남용하는 경향이 있습니다. 조금만 중요하다 하면 무조건 대문자로만 쓰는 경우도 있고 아예 아무런 원칙도 없이 불규칙적으로 쓰는 분들도 있는데, 아마도 typing할 때 대소문자 구분이 번거롭고 잘 알지도 못하니 그럴 수도 있으리라 여겨집니다.

외국 서적을 잘 보면 대부분 책 표지와 분야별 제목 정도의 몇 개만이 대문자로만 되어 있음을 알 수 있습니다. 소문자로 써야 할 부분을 대문자로만 쓰는 것은 읽기에도 불편하고 맞는 영어가 아닙니다. 이 부분은 단순하게 설명하기는 쉽지 않고 많은 원서를 보면서 주의를 기울여 터득해 나가야 합니다. 아예 대소문자 개념이 없어서 제멋대로 대소문자를 혼용하는 분들도 있는데 이는 바른 영어가 아닙니다.

A4 단수, 복수의 표기

한국인이 쓰는 영어에서 가장 많이 틀리는 것은? 이런 문제가 있다면 정답은 단연코 복수(plurals)의 표현일 것입니다. 필자는 후배 직원들에게 '영어에서 복수 표현이 습관화되지 않으면 영어를 한다고 할 수 없다'라고 좀 극단적인 말을 하기도 합니다. 근본적 원인은 우리말에는 복수가 없기 때문에 영어에서도 습관화하기가 참으로 쉽지 않은 것이지요.

예를 들어서 해외 건설 계약서의 국제 표준인 FIDIC이란 문서가 있는데 이 중 일부를 인용해 봅니다.

- The contractor shall provide the plant and contractor's documents specified in the contract, and all contractor's personnel, goods, consumables and other things and services, ~.
- The Contractor shall give all notices, pay all taxes, duties and fees, and obtain all permits, licences and approvals, as required by the laws in relation to the design, execution and completion of the works and remedying of any defects.

위의 문장을 잘 보면 보통명사든 물질명사든 거의 모든 명사가 복수임을 알 수 있습니다. 즉, 영어에서는 특별히 한 개가 아닌 한 복수로 표현하는 것이 우리말과 크게 다른 점이지요. 꼭 한 개라면 반드시 명사 앞에 a, an 또는 the를 붙여야 하고, 단수, 복수에 맞추어 당연히 동사의 형태도 변해야 합니다. 복수 표현이 습관화 되어 몸에 배어야만 정확한 영어를 한다고 할 수 있습니다.

단, 여기서 주의해야 할 단어들이 있는데 equipment, furniture, machinery, baggage, luggage, clothing 등 본래가 복수의 의미를 갖는 집합명사는 끝에 s를 붙이지 않으니 잘 기억해 둡시다.

A5 약어의 표기

다음은 약어(abbreviation)에 대해 살펴보겠습니다. 영문에서는 우리말보다도 약어가 훨씬 많이 쓰이며 전문 분야에서는 더욱 그렇습니다. 약어의 표기는 절대적으로 표준화되어 있는 것은 아니지만 전통적으로 관례화되어 있는 방식을 따르도록 해야 합니다. 일반인을 상대로 하는 문서에 어떤 특정 분야의 약어를 임의로 쓰는 경우가 있는데 이는 잘못입니다.

보편적으로 통용되는 약어가 아닌 경우에는 반드시 문서 초반에 정의(definition)를 하고 사용해야 합니다. 또 공식 문서에서 반복적으로 여러 번 나오지 않는 경우에는 가급적 약어를 쓰지 말고 full description을 쓰는 것이 좋습니다.

약어를 쓰는 방법은 다양해서 쉽지 않으나 대표적인 것 몇 개를 예로 들어봅니다.

- 한 개의 긴 단어를 줄인 경우에는 period(.)를 찍고, 여러 단어의 initial만 딴 경우(acronym)에는 punctuation 없이 쓰거나 각각 period를 찍는다. 예를 들면,
  - US or U.S / UK or U.K / floor → FL.

- carbon steel → CS, C.S or C.S.

- Bill of Materials → BOM

- gross national product → GNP

- personal computer → PC

• 한 개의 단어처럼 발음하는 약어나 화학명, 또는 기기명 등은 일반적으로 punctuation이 없다.

- ANSI〈앤시〉/ NATO〈네이토〉/ NASA〈내서〉/ OPEC〈오우펙〉

- Cl / Na / PVC / PC / PCB / CPU / PBX

• PC 등 약어가 대문자인 경우, 복수이면 PCs와 같이 소문자 s를 붙인다.

A6 한국인이 흔히 틀리는 영문 표현

우리말과 영어는 어순이 너무 달라서 영작이 사실상 쉽지 않고, 어휘가 많아서 일상적으로 사용하더라도 사전에 의존하지 않을 수가 없습니다. 일반적인 영문 표현에서 한국인이 가장 틀리기 쉬운 것은 이미도 과거형과 완료형에 대한 혼돈, 그리고 수동태의 표현일 것입니다. 우리말에는 과거형만 가지고도 소통에 아무 문제가 없는데 영어에는 완료형이란 것이 있어서 헷갈리고 골치가 아프지요.

📢 과거형과 현재완료형

먼저 과거형과 현재완료형이라는 것을 한번 봅시다. 문제의 근원은 우리말에는 본래 현재완료형이란 것이 없어서 내충 과거형을 쓰는 데 반해, 영어는 과거형과 현재완료형을 뚜렷이 구별해서 쓰는 데 있습니다. 간단한 예를 들어봅니다.

- "미국에 가 봤어요?" 하는 것을 "Have you been to America?" or "Have you ever been to America?" - 이런 정도는 익숙해서인지 대개 틀리지 않습니다. "Did you visit China?" - 이렇게 말하는 경우는 방학 때 중국에 간다고 했던 친구를 다시 만났을 때 맞는 과거형 질문입니다.
- 그런데 "내 편지 받으셨나요?"란 말을 한국인 십중팔구는 "Did you receive my letter?"라고 하는데 이는 틀린 말입니다. "Have you received my letter?"라고 해야 하지요. 내가 물어보는 현재 시점까지 내 편지를 받았는지를 물어보는 현재완료형이기 때문입니다. 답변은 "Yes, I have", "Yes, I have received your letter", "No, I have not received it yet" 또는 "I received it yesterday"입니다. 분명하게 외워둡시다.
- 기본적인 과거형 문장으로 "Jane이 학교에 갈 예정이라고 말했다"라는 표현을 "Jane said she is going to school"이라고 하기 쉬운데, "Jane said she was going to school"이라고 해야 합니다.
- "비가 안 왔더라면 나는 집을 나섰을 것이다"라는 말은 "I would have left home if it hadn't rained."입니다.

기초 영어이지만 우리말과는 달라서 사실상 습관화가 쉽지 않은 이런 표현들은 복잡하게 문법을 따지지 말고 간단한 예문 몇 개만 확실히 이해하고 외워두면 쉽게 응용할 수가 있습니다.

📢 긍정과 부정

또 하나 습관화하기가 참 어려운 것이 긍정과 부정입니다. 대화체에서 "문제없어요?" "예, 없어요."를 영어로 하면 "No problem?" "No."라고 해야 하는데 영어에 익숙하지 않은 사람은 대부분 "Yes."라고 대답을 하게 됩니다. 이러면 상대는 헷갈리지요. "예, 문제가 있어요."라는 대답이 되니까요. 이는 반복적 훈련으로 빨리 적응하는 수밖에 없습니다.

📢 수동태

다음은 수동태에 대한 표현입니다. 중학교 때부터 열심히 배우고 별로 어려울 것도 없는 기본적 영문인데 의외로 많이 틀리는 표현입니다. 잘못하면 의미가 거꾸로 전달될 수도 있습니다.

"시험은 현지 법규를 따라서 한다"라는 표현을 "The test follow the local regulation" 이렇게 적당히 쓰는 수가 많습니다. 이것은 능동태도 수동태도 아니고 도대체 무슨 소리인지 알 수 없는 엉터리 영이입니다. 바른 표현은 다음과 같습니다.

- The local regulation shall be followed for the test.
- The local regulation shall be applied to the test.
- The test shall be performed in accordance with the local regulation.

위의 말을 능동형으로 표현한다면 아래처럼 됩니다.

- We shall follow the local regulation for the test.
- We will have to follow the local regulation for the test.

예문을 하나 더 들어보면, "Case 재질은 SS를 써야 한다"라는 문장을 "The case material shall be used SS" 이렇게 쓰는 경우가 흔한데 틀린 것입니다. 바른 표현은 다음과 같습니다.

- The case material shall be SS.
- The case shall be made by SS.
- SS shall be used for the case.

"나는 그 위원회 소속이 아니야" 하는 말을 "I am not belonging to the committee" 또는 "I am not belonged to the committee" 이렇게 쓰기 쉬운데 바른 표현은 "I do not belong to the committee"입니다. "그것은 당신에게 속한 것이 아니야"라는 표현은 "It does not belong to you"입니다.

위와 같이 간단한 예문들을 확실히 외워서 수동태의 표현을 바르게 할 수 있도록 합시다. 여기서 주어+belong+to라든지, 또는 be동사+과거분사니, have+PP니 하는 한국식 문법을 따지려 들면 시간만 허비하고 영어가 정말 어려워집니다. 문법을 생각하지 말고 항상 단문 전체를 외우도록 해야 쉽게 응용하면서 영어를 잘할 수 있습니다.

📢 미래형

또 하나 한국인이 혼동하는 것은 한국식 영문법에서 도대체 무슨 뜻인지 이해하기도 어려운 '의지미래', '단순미래'라는 것인데 복잡하게 생각할 필요 없습니다.

내가 내 뜻대로 하려는 것은 무조건 will이고, 계약서라든지 시방서라든지 project 수행 시 싫든 좋든 계약상 의무적으로 따라야 할 강제사항은 무조건 shall로 표현하면 틀림없습니다. 이것만 기억합시다.

국제 선설 세약의 표준으로 빌주자와 계약자가 수행할 책임과 의무를 규정한 FIDIC이란 책을 보면 100% shall이고 should란 단어는 단 한 군데도 없습니다.

shall과 should를 혼동해서 적당히 섞어 쓰는 경우도 자주 보는데 should는 강제사항이 아니라 '~하는 것이 좋겠다'는 정도의 권장사항으로 shall과는 분명히 구별해서 써야 합니다. "You should have seen that movie"라고 하면 '그 영화를 의무적으로 꼭 봐야 하는 것은 아니지만 너무 재미있으니 네가 봤어야 하는데…'라는 얘기이지요.

또한 must란 단어는 영어에서 일반적으로 잘 쓰이지 않고 아주 특별히 강조할 경우에만 쓴다는 것을 기억합시다. 예를 들면 "너 이거 안 하면 죽을 줄 알아!" 하는 정도의 강한 표현에만 쓰입니다.

A7 영문 작성의 ABC

앞에서 말한 바 있지만 영어의 ABC가 Accuracy, Brevity, Clarity(accurate, brief, clear)라는 것은 특히 미국식 영어의 특징입니다. 필자가 사원 시절 영어로 공식문서를 작성할 때 가장 많이 참고했던 책인 TIME사의 『Business Correspondence Guide』에서도 영어를 가급적 이해하기 쉽고 간략하게 쓸 것을 강조하고 있습니다. 또한 형식적이고 impersonal한 표현보다는 personal attitude로 쓰라고 권합니다.

어느 쪽이 반드시 옳다고 할 수는 없지만 실질적 참고가 되기 위해 영문 Letter에서 흔히 쓰는 표현 중에서 대표적인 사례를 들어 봅니다. 이전에 미국식 영어와 영국식 영어의 다른 점을 얘기했는데 아래 예문에서 앞쪽의 formal expression은 영국식, 화살표(→) 뒤쪽에 바꾸어 표현한 brief and personal expression은 미국식이라고 해도 크게 틀린 말이 아닐 것입니다.

- We acknowledge receipt of your letter.
  → We have received your letter.
- It is our regret to advise you that~

→ We are sorry to say that~

- Please affix your signature to the enclosed documents.

    → Please sign the enclosed documents.

- As per your request of~

    → As you requested

    → According to your request

- Attached hereto / Attached herewith / Attached please find~

    → We have attached

    → We are attaching~

- Looking forward to a speedy reply from you.

    → We look forward to your immediate reply.

- In view of the fact that the problem is~

    → Since the problem is~

- We are prepared to offer you the following discounts:

    → We can offer you~

    → We are ready to offer you these discounts:

- Thanking you in advance for your help.

    → We'll appreciate your help.

    → We'll be grateful for your help.

- Your letter under date of January 15

    → Your letter of January 15

    → Your letter dated January 15

A8 영문 이력서 작성 방법

Curriculum Vitae(C.V)<커리큘럼 **비터/바이티**>, 또는 Resume<**레저메이**>라고 부르는 이력서는 대개 취업 시 또는 회사의 Pre-qualification 절차로 제출하는 중요한 문서이므로 주의해서 작성해야 합니다.

영문 이력서의 형식은 우리나라에서 일반적으로 쓰는 이력서와는 달리 비교적 여러 가지 항목을 상세히 기재합니다. 심지어 이력서가 열 장이나 되도록 경력사항을 아주 상세히 기술한 외국인도 보았습니다. 세부적인 내용은 이력서의 목적과 각자의 상황에 맞게 선택적으로 가감하되, 대학생의 경우는 학교에서의 과외활동(extracurricular activities), 봉사활동, 수상 내용 등을 상세히 기재하고, 기성 직장인의 경우에는 경력사항이 가장 중요하며 사회적 활동 등에도 비중을 두는 것이 좋습니다.

기본적으로 우리는 연대순으로 오래된 것을 먼저 기재하나(chronicle) 서양에서는 최근 것부터 역으로(counter-chronicle) 기재합니다. 당연히 최근 것을 더 중시하는 것이지요.

이력서의 형식에 절대적인 표준은 없으나 여기에 필자가 업무상 접한 미국, 유럽의 세계적인 회사들의 이력서를 다수 참조하여 표준으로 작성한 sample model을 제시합니다. 회사에서도 해외 입찰 시 Pre-qualification(사전 입찰자격 심사) 자료에 통상 사업 참여자의 이력서를 제출하는데 이런 형식을 표준으로 하고 있습니다.

CURRICULUM VITAE

Name:
Age: or, **Year of Birth:** (통상 Date of Birth를 기재하지 않음)
Nationality: (Korea가 아니고 Korean)
Tel. No.:
Email:

Working Experience
2008 to present: Sales Manger, ABC Company, Seoul, Korea
(기간은 년 or 년 월, 그리고 직위, 수행업무를 간략히 기재)
2002-2007: -추가로 이어서-

Education&Training
ABC University, Seoul, Korea
B.Sc. Mechanical Engineering, 1995
(일반적으로 Master Degree면 석사·학사과정을, Bachelor Degree이면 학사과정, 고등학교 정도만 기재)
(정규 교육과정 이외에도 전문기관, 협회 등에서 직무교육 등 중요한 training을 받은 것을 기재)

Qualifications
Professional Engineer, - (전문자격증)
Member of ABC Society, Director, - (학회, 협회 등 사회단체)

Publications&Awards
(책을 썼거나 journal에 논문을 기고하거나 또는 본인에 대한 기사가 나온 것, 그리고 중요한 수상 기록이 있으면 기재)

Service
(military service, 기간, 간략한 복무 내용, 계급 등을 기재)

Languages
(본인이 사용 가능한 언어를 기재. 서양 사람들은 대개 조금이라도 할 줄 아는 외국어를 다 기재하며, little이라고 부기하기도 함)

영어를 쉽게 매스터하는 길

성인들을 대상으로 연초에 새해의 각오를 들어보면 영어 공부 또는 어떤 외국어 공부를 열심히 해 보겠다고 하는 소망이 늘 일 등을 지시한다고 합니다. 해마다 반복되는 이야기입니다.

국민 대다수가 대학교까지 적어도 십 년 이상에 걸쳐 엄청나게 많은 시간을 영어에 투자하고도 모자라서 어학연수를 가기도 하고 성인이 되어서 또다시 투자를 하겠다니 참 안타까운 일입니다. 그 정도면 적어도 두세 개의 언어는 매스터했어야 하지 않을까요? 어학은 타고난 능력도 있겠지만 공부 방법에 따라 사람마다 차이가 큰 것 같습니다.

누구나 나름대로의 비법은 있겠지만 필자의 경험상 영어를 보다 빠르고 쉽게 잘하는 길에 대해 간략히 핵심만을 정리해 봅니다.

첫째는 문법을 따지지 말고 회화체의 영어 문장, 즉 다양한 영문 pattern을 뜻만 알고 통째로 외우는 것입니다. 그렇게 하면 문법을 따지지 않고도 해석이 되는 동시에 쓰고 말할 수 있으며 영어가 갑자기 쉬워집니다. 주어+술어+목적어 식으로 문법을 따지기 시작하면 외국어는 몇 배 더 어려워집니다. 그리고 우선 기본적인 표현에만 충실할 것. 예를 들어 "비싸게 산 것 같아요" 할 것을 "왕창 바가지 썼어요" - 이런 slang 같은 표현을 잘해야 세련된 영어라고 강조하는 책에 매달려 시간 낭비하지 말자는 것입니다. 이상하게도 우리나라에서는 '학교에서 가르쳐 주지 않는 영어'라는 등 slang 영어가 인기가 있는데, 해외 비즈니스를 하는 분들은 그런 영어는 쓰지 않아야 한다고 말할 수 있습니다.

둘째는 단어를 처음 대할 때부터 올바른 발음으로 기억을 하는 것입니다. 무역이든 건설이든 외국인과 직접 만나서 협상하며 일하는 세계화 시대의 필수적 요구입니다.

셋째는 어휘력인데, 최소 3만 개에서 5만 개의 어휘력을 갖추어야 영어로 실무를 하는 데 불편이 없다고 할 수 있으며 이는 어원 분석을 통하지 않고는 거의 불가능합니다. 예를 들어 하루 열 개씩 단어를 외운다고 목표를 세우고는 archive, challenge, commune, diverse 등등 별개의 단어를 적어놓고 열 번 스무 번 써 봐야 기억이 되지 않고 하루만 지나면 가물가물해집니다. 책상 앞을 온통 노랗게 단어를 적어놓은 스티커로 장식한 직장인들도 있는데 그런 식으로는 결코 성공할 수 없습니다. 단어를 한 개씩 따로따로 외우지 말고 반드시 Vocabulary(어원 분석을 통한 어휘력)를 통해 단기간에 집중적으로 어휘력을 갖추어야 영어가 쉬워집니다. Vocabulary에 관한 내용은 오래전부터 좋은 교재가 많이 나와 있으므로 별도의 설명은 생략합니다.

어원 분석을 이해하기 위해 조금 어려운 단어 한 개를 예를 들어 보겠습니다. archive〈아카이브〉(고문서 보관소) - 이런 단어를 처음 대할 때 사전을 펼쳐보면서 그 어원이 무엇인지 그 의미를 생각해 보고 아래위의 관련된 단어를 모두 한꺼번에 외워야 합니다. 여기서 arc〈아-크〉는 눈썹처럼 위쪽이 둥그런 모양이고 arch〈아-치〉는 고대 석조 건물의 문과 창문처럼 똑바른 기둥, 위로 arc 모양을 가진 건축 구조물입니다. 즉 arc, arch는 위쪽이 둥그런 모양과 고시대적이란 두 가지 의미를 가지고 있는 접두사(prefix)입니다. 이를 어원으로 새겨두면 아래와 같은 식이 됩니다.

- arcade〈아-케이드〉(지붕이 아치로 된 회랑)
- archaeology〈아키알러지〉(고고학)
- archaeologist(고고학자)
- archaic(낡은, archaism(고문체의)
- archbishop〈아치비섭〉(대주교: 위쪽이 arc 모양인 큰 모자를 쓰고 있는 고위급 bishop)
- archery(궁술)
- architect〈아-키텍트〉(건축가), architecture(건축), architectural
- archive(고문서보관소), arctic(북극)

이렇게 어려운 단어들도 그 어원을 생각하고 또 앞뒤의 prefix, suffix의 의미를 짚어보면서 한꺼번에 외워야 효율적입니다.

arctic이 왜 북극인가 하면 지구를 그릴 때 위쪽이 arc가 되기 때문입니다. 남극은 antarctic(ant/anti는 반대의 뜻을 가진 prefix) 또는 south pole이라고 하는데, 이렇게 동의어, 반의어 등도 그 어원과 의미를 새기면서 한꺼번에 외우는 것이 바로 vocabulary이고 누구나 하루에 백 개, 이백 개씩의 단어를 기억할 수 있는 비법인 것입니다. 이는 특별한 기억술이 아니고 집중력에 의한 것입니다.

영어는 결국 어휘력과 올바른 발음, 그리고 문법을 생각하지 않고도 의미를 알 수 있어야 하니 결국은 종합적인 능력입니다. 외국어 공부는 하루 한두 시간씩 장기간에 걸쳐 하기보다는 단기간에 더 집중적으로 해야 효과가 있습니다.

이제 위와 같은 방법을 통해 어느 정도 기초가 갖추어진 다음에는 지속적으로 실력을 유지, 향상시켜야 하는데 처음에는 국내에서 발행되는 'Korea Times', 'Korea Herald'같은 영자신문을 보기를 권합니다. 내용을 아는 기사가 많아서 아무래도 쉽게 이해가 되고 독해력이 급속하게 향상되지요. 너무 정독을 하기보다는 대략적으로 이해하면서 매일같이 많은 어휘와 다양한 영문 표현을 접하도록 다독을 하는 것이 좋습니다.

그 다음 단계로 인터넷을 통해 'The New York Times', 'USA Today'같은 미국 신문이나 CNN 방송을 매일같이 조금씩이라도 보면 어휘력이 늘고 점차 국제적인 영어에 익숙해지게 됩니다. 특히 중고등학생을 대상으로 특별히 편성한 'CNN Student News'는 알아듣기가 쉬워서 큰 도움이 될 것입니다. 교양 강좌라고 할 수 있는 TED.com은 수준 높은 영어를 듣고 배우기에 최적입니다.

그리고 'TIME', 'Newsweek'같은 최고 수준의 시사 주간지를 꾸준히 본다면 한 단계 높은 교양과 어휘력을 유지할 수 있을 것입니다. 요즘은 인터넷으로 이런 신문 잡지를 얼마든지 볼 수 있고 video에 sound까지 제공되어 원어민들의 발음까지도 들을 수 있으니 영어를 공부할 환경이 정말 좋아졌습니다.

영영사전이 최고의 선생님이다

'영어는 영어로 생각하라' 이것이 필자의 주장입니다. 영한사전을 보면 모호한 표현이 많아서 진짜 영어 공부를 하려면 사전부터 원서를 보아야 합니다.

추천할 만한 사전은 영국 Oxford University에서 출판된 **'Oxford Advanced Learner's Dictionary'**와 미국에서 나온 **'Longman Advanced American Dictionary'**입니다. 사전이 CD와 함께 제공되니 컴퓨터에 저장하고 찾아볼 수 있어서 편리하고 정확한 발음까지 들을 수 있습니다.

최근에는 네이버, 다음, 야후 등 인터넷 검색사이트에서 쉽게 볼 수 있는 사전이 아주 잘 되어 있어서 더욱 편리해졌습니다. American English와 British English 발음을 따로따로 들려주기도 하니 정말 공부하기 좋은 환경입니다.

이러한 원서 사전의 가장 큰 특색은 수많은 예문이 있어서 영작을 하는 데 크게 도움이 된다는 점입니다. 같은 단어라도 여러 가지 의미가 있는데, 단어 하나마다 여러 개의 용도별 예문이 있어서 영어로 온갖 문서를 작성할 때 정확한 영문을 가르쳐주는 최고의 선생님이지요.

이런 사전만 옆에 있으면 아무리 어려운 영작이라도 정확하게 할 수가 있습니다. 필자는 직업상 해외 프로젝트를 수행하다 보니 한평생 적어도 수 만장의 각종 문서를 영어로 작성했는데, 책상 위 가장 편리한 위치에는 항상 큼지막한 영영사전이 있었습니다.

영어 실력이 상당한 분들도 특히 전치사 용법에서 error를 범하기 쉬운데, 예를 들어봅시다.

- "그는 보고서에 카멘트를 했다."라는 말을 "He made comments **to** the report." 또는 "He made comments **for** the report."라고 쓰기 쉽습니다. 그러나 사전을 보면 "He made comments **on** the report."라고 예문이 제시되어 있으니 응용해서 쓰면 틀리지 않습니다.
- "이 문제에 대해서 논의해 볼까요?"하는 말을 "Shall we discuss **about** this matter?"라고 쓰는 사람이 많은데 사전을 보면 "Shall we discuss this matter?"라고 예문이 나옵니다.

필자는 실무를 할 때 고객이었던 미국인들이나 영국인들로부터 writing이 정확하다는 호평을 많이 받았는데, 실은 언제나 사전에 의존한 덕분에 error가 별로 없었던 것 같습니다. 덧붙이자면 젊었을 때 5년 정도 영어 일기를 써 보았는데 writing에 큰 도움이 되었습니다. 우리의 일상적 표현은 사실상 현재형보다는 과거형과 완료형이 대부분인데 일기는 바로 이러한 표현을 습관화해 줍니다.

또한 진정으로 영어를 잘하고 싶으면 미국이나 영국에서 출간된 영영사전을 볼 것을 권합니다. 영영사전을 보게 되면 사전을 찾아보는 것 자체가 훌륭한 일상적 영어 공부이고, 반대로 영한사전에 의존해서는 수준 높은 영어를 할 수가 없다고 해도 과언이 아닙니다. 그리고 새로운 단어를 찾아볼 때는 아래 위를 죽 살펴서 연관된 어휘를 한꺼번에 여러 개씩 기억하는 것을 습관화해야 합니다.

Global 시대에 지구 언어인 영어는 개인의 능력이자 곧 국가의 능력입니다. 올바른 방법을 통한 꾸준한 노력으로 누구나 영어의 달인이 될 수 있습니다.